Sorprendido por Dios

Sorprendido por Dios

La importancia de cómo pensamos de lo divino

Chris E. W. Green

Traducido por Stephen R. Di Trolio

CASCADE *Books* • Eugene, Oregon

SORPRENDIDO POR DIOS
La importancia de cómo pensamos de lo divino

Cascade Books
An Imprint of Wipf and Stock Publishers
199 W. 8th Ave., Suite 3
Eugene, OR 97401

www.wipfandstock.com

PAPERBACK ISBN: 979-8-3852-5457-6
HARDCOVER ISBN: 979-8-3852-5458-3
EBOOK ISBN: 979-8-3852-5459-0

Cataloguing-in-Publication data:

Names: Green, Chris E. W., author.

Title: Sorprendido por Dios : La importancia de cómo pensamos de lo divino / Chris E. W. Green.

Description: Eugene, OR: Cascade Books, 2025 | Includes bibliographical references.

Identifiers: ISBN 979-8-3852-5457-6 (paperback) | ISBN 979-8-3852-5458-3 (hardcover) | ISBN 979-8-3852-5459-0 (ebook)

Subjects: LCSH: God (Christianity) | Contemplation | Theology, Practical | Spiritual life—Christianity

Classification: BT102 G72 2025 (paperback) | BT102 (ebook)

VERSION NUMBER 09/24/25

Contents

Prefacio

Tuve un buen motivo por el cual escribir este libro: mi esposa Julie me dijo que tenía que hacerlo. Por supuesto, hasta contando con su aliento, el trabajo se me hizo difícil—no por las dificultades normales de escribir y editar. Sino que hubo desafíos relacionados a esa época. Mientras escribía este libro, mi abuelo y abuela maternales, con quienes tenía una relación muy cercana, fallecieron. Además, yo estaba lidiando con una serie de enfermedades. A través de estos momentos, sin embargo, el esfuerzo de escribir fue en cierta forma una apertura al proceso de sanidad. Ha sido bueno para mi pensar y orar a través de estas palabras, y por eso quizás Julie me animó a escribirlas.

Diciendo que fue "bueno" para mí escribir este libro es otra forma de decir que me sentí sorprendido por Dios, una y otra vez. Me criaron de una forma en que uno pensaba de Dios en términos específicos, y esperaba que actúara de cierta manera. Ahora, me encuentro a mí mismo como ajeno a esos términos y de esa forma de pensar acerca de Dios. Pero, principalmente porque Dios se ha mostrado ser mucho más que esos conceptos y expectativas que tenía. Aunque no siempre me agrada verme me en estas situaciones, estoy feliz de experimentar el hecho que Dios está más allá de todo lo que yo pueda pedir o pensar.

Finalmente, me gustaría agradecer a todos los que hicieron este libro posible. En primer lugar, gracias a Julie y a mi familia: Zoë, Clive, y Emery. Ellos no solamente fueron pacientes conmigo, sino que fueron implacables en animarme a tomar el tiempo para escribir y acompañándome con oraciones para que lo hiciera bien. Un agradecimiento especial para todos mis amigos y amigas quienes leyeron y respondieron a los varios borradores de los diferentes capítulos: Hannah Moore, Dusty Counts, Ed Gungor, Mark Aarstad, y Adam Palmer. Sin el apoyo de todos quienes leyeron y respondieron a este trabajo, hubiera tenido dificultad en discernir qué cambiar o dejar, y qué tenía que agregar y sacar. Estas amistades durante este tiempo fueron un regalo, y estoy sumamente agradecido por este regalo de amistad.

1

Qué hacer cuando el mundo está en llamas

"En el amor no hay temor…"

1 JUAN 4:18

"Solo vivimos, solo suspiramos. Consumidos por el fuego o el fuego."

T.S. ELIOT

L os Cristianos estamos llamados a vivir la vida de Cristo en este mundo, encarnando la plenitud de su amor. Y eso conlleva a que vivamos sin miedo o cobardía. Ahora, es fácil encontrar muchas cosas y situaciones por las cuales podemos tener miedo; eso es, si vivimos por la vista y no por la fe. Lo que dijo Teresa de Ávila de su época es verdad también para nosotros (y todas las otras épocas) también: el mundo está en llamas, Dios parecería tener tan pocas amistades y muchos enemigos. El miedo no es una característica cristiana. Como nos indica Juan, en el amor de Dios no hay miedo, porque el miedo atrincherado en la vida nos inhabilita vivir con amor hacia nuestros prójimos (1 Juan 4:18). El miedo de ser juzgado nos detiene de estar presentes con gracia hacia quienes más la necesitan. De alguna forma, entonces, debemos ser librados por el amor de Dios para vivir sin-miedo.

Al nacer, somos lanzados a los problemas. Ya hay suficiente mal para cada día y terror suficiente para cada edad. Llegamos a conocer el miedo desde los primeros momentos de nuestras vidas, mucho anterior a que tengamos capacidad de gratitud y humildad, o ser maravillados o asombrados. En las palabras de Job, "Pocos son los días y muchos los problemas, que vive el hombre nacido de mujer." (Job 14:1) Entonces, ¿cómo es que podemos vivir sin miedo? Dado el estado de las cosas en este mundo, ¿no será entonces que el deseo mismo de vivir sin miedo significa que estamos siendo ingenuamente egoístas, preocupados solamente por nuestra seguridad y confort, o quizás tontamente desinteresados, exponiéndonos a nosotros y a nuestros prójimos al sufrimiento innecesario e inútil?

Debemos encontrar la manera para llegar a ser valientes y sin miedo—sin engañarnos a nosotros mismos. Pero, ¿cómo? En esto tenemos que dejar que se nos muestre una realidad más cierta que nuestras experiencias. Como Teresa de Ávila, tenemos que quitar nuestra mirada del mundo y fijarla en Dios, por el amor mismo al mundo. En tiempos de crisis, es importante girar hacia Dios como lo hizo Moisés, tornando la mirada de todas las ilusiones de dominación y control, y el espectro de la inutilidad y el sinsentido, y fijar nuestra atención en el Dios revelado en los evangelios. Como Máximo el Confesor nos recuerda, la vida humana existe en la sombra de la muerte; solo conociendo al Dios que vive en nosotros podemos atravesar el valle de la sombra de muerte sin temor del mal. El miedo es una manera de interpretar la realidad, una manera de recibir al mundo, y solo mirando a Dios en lugar del mundo podemos ser librados de este miedo. Para este fin, necesitamos aprender la práctica de la contemplación.

∗∗∗

Ya conocemos a Dios, estamos familiarizados con Dios. Por lo menos algunos de nosotros estamos saturados todos los días con imágenes y sonidos cristianos. Podemos reconocer fácilmente descripciones acerca de su naturaleza divina (Dios es uno, santo, bueno, omnisciente, omnipotente, omnipresente). Estamos seguros de como llamar a Dios, rápidamente profesando nuestra confianza y deseo por Dios. Pero si queremos ser librados para vivir las vidas a las cuales estamos siendo llamados a vivir, vidas auténticamente dedicadas a hacer la justicia, amar la misericordia, y caminar humildemente con Dios, tenemos que atravesar esa familiaridad con Dios para llegar a una visión transfigurativa de Dios como Él se revela a nosotros. No es suficiente conocer los nombres de Dios o tener un sentido de su presencia divina. Debemos captar, o mejor dicho ser captados por, una visión de la naturaleza y carácter de lo divino. Tenemos que llegar a conocer, de la manera más plena posible y con la fuerza existencial, como es Dios en realidad.

Pero ¿cómo es posible para seres frágiles y finitos como nosotros conocer como es Dios en realidad? Nuestra propia sabiduría misma puede ser incomprensible, ¿Cuánto más incomprensible es la sabiduría de Dios? Tomás de Aquino nos puede ayudar en esto. En esta vida, dice Aquino, no podemos conocer a Dios en sí mismo y como es, ni aun con la gracia de la fe. Hasta la transformación final de todas las cosas al final de la historia, aún permanece entre Dios y nosotros una absoluta diferencia que nos impide conocer a Dios como esencialmente es. Pero Aquino rápidamente agrega que esto no significa que no podamos conocer a Dios en ningún sentido. Dios por su naturaleza es supremamente conocible, y porque es bueno, Dios desea ser conocido por sus criaturas en maneras adecuadas a la realidad que él propuso para nosotros. De hecho, es precisamente la forma de nuestro conocimiento de Dios que nos hace quienes somos. Mientras nos hace capaces de conocer quién y qué es Dios, él está transformando a nosotros y como somos, para que entremos a la plenitud del propósito que nos fue dado desde la fundación de todas las cosas.

Debido a esta verdad, podemos identificar tres maneras de conocer a Dios. Primeramente, hay un conocimiento de Dios que nos llega naturalmente, que es algo como un sentido intuitivo y existencial de nuestra naturaleza de criatura, una conciencia

3

fracturada de estar en ralación con una ortedad misteriosa y absoluta. De vez en cuando en el transcurso de cada día, nos volvemos conscientes del hecho que tenemos que dar respuesta a este misterio que se encuentra a los límites de nuestra existencia. En otros momentos, sentimos, aunque de manera difusa, lo que Simone Weil describe como "el deseo del bien absoluto . . . una añoranza que siempre está ahí y que nunca puede ser apaciguada por cualquier otro objeto en el mundo." Esto no significa que cada uno de nosotros piensa acerca de esta añoranza o deseo y lo reconoce por lo que es. Pero sí podemos decir que conocemos a Dios por este sentido de anhelo, o como quisiéramos nombrarlo.

Segundo, hay un conocimiento de Dios que se nos es dada por gracia a través de la fe, que nos enseña a identificar a Dios correctamente, eligiendo a Dios entre todo los otros "dioses" como el Dios verdadero y viviente. El regalo de la fe dada por el Espíritu Santo y la presencia paciente de Cristo en nosotros nos ayuda, con el pasar del tiempo, a poder adorar a Dios en su naturaleza y confiar en su persona más y más. Este conocimiento lleno de gracia y fe es tanto intelectual como afectivo, doctrinal y experimental. Realiza el anhelo creado por nuestro conocimiento natural de Dios mientras que en maneras secretas y escondidas nos lleva más allá de lo meramente intelectual o afectivo, dando un efecto calmante y silenciando nuestros pensamientos y sentimientos a través de nuestra comunión con Dios.

Finalmente, hay un conocimiento de Dios dado en la última transformación de todas las cosas. En ese momento, según Aquino, Dios se une con nosotros y nosotros con Dios para que podamos conocer a Dios como Dios nos conoce a nosotros mismos. Veremos a Dios como es, y en esta manera nos volvemos como Dios. Es solo la labor del Padre como testigo de Cristo que nos mueve de la primera manera de conocer a Dios hacia la segunda. De la misma manera, es solo en la aparición de Cristo, que es el cumplimiento final de la historia por parte del Espíritu, que podemos mover de la segunda a la tercera manera de conocer a Dios. En la plenitud del tiempo, nos mudamos de la gloria de las imágenes a la gloria de la semejanza de Dios, de la gloria de la fe a la gloria de lo visto.

***

Para reiterar: mientras que vivamos por nuestra vista y no por la fe, vamos a estar agobiados por todo tipo de miedos, sean reales o imaginarios. Y así entonces mientras que seamos afligidos por este miedo, vamos a permanecer incapaces de amar al prójimo de una forma libre y fiel. Si creemos que somos responsables de administrar nuestros futuros, si sentimos que tenemos que controlar todo lo que nos pasa a nosotros y los que están a nuestro alrededor, si permanecmos a la merced de nuestras pasiones y las presiones de los poderes de este mundo, de seguro vamos a vivir—y causar también a otros de vivir—de terror en terror y no de gracia en gracia. Entonces, en este tiempo antes del cumplimiento de los tiempos, solo la contemplación puede librarnos de esta forma mundana de vivir.

Pero quizás no he sido lo suficientemente claro en lo que quiero decir acerca de "contemplar" a Dios. Significa, como lo dijo Rowan Williams, "mirar a Dios sin tener en cuenta mi propio deseo de satisfacción instantánea." Otra forma de decirlo es, dejar que Dios sea Dios para mí, haciendo espacio para que "la oración de Cristo, la relación de Dios con Dios mismo, se vuelva viva en mí." Esto hace que en mí mismo se abra una compasión por mi prójimo. En la contemplación, el Espíritu Santo habita dulcemente en mi espíritu, lenta y secretamente librándome de la "esclavitud de los deseos y las fantasías." Y de esta forma haciéndome permeable a Cristo para que su persona empieza a cambiar el mío, llenándome con la bondad de su propio espíritu—gozo y paz, gentileza y dominio propio. En la contemplación, en otras palabras, nos abrimos al trabajo santificador de Dios, una labor que toma tiempo y pasa casi enteramente bajo la superficie de nuestra consciencia diaria. La frase de Joseph Pieper nos clarifica esto: la contemplación es "un conocimiento que es inspirado por el amor," un conocimiento que Dios crea en nosotros justamente como nos entregamos en corazón, mente, y alma a considerar a Dios como él es, y a todas las cosas como son en Dios mismo.

Y, ¿Cómo sucede este tipo de conocimiento en nosotros? ¿Qué parte tenemos nosotros en que suceda todo esto? ¿Hay alguna manera en que podamos poner intencionalidad en nuestra participación de este proceso? ¿Cómo podemos dejarnos llevar por o someternos al Espíritu Santo? Sobre todo, empezamos por atender la revelación de Dios en las escrituras, en las lecturas eclesiásticas, y la ejecución de estas escrituras hasta que nuestra atención se convierta en una especie de oración incesante, hasta que la comunión que está en la vida misma de Dios en su Trinidad empieza a estar en nuestro medio y entre nosotros—en maneras que podemos y no podemos ver. A la medida en que nos ponemos habitualmente con quien es Dios, esta atención fiel empieza a tornarse viva en nosotros. En cuanto nuestras vidas están abiertas a la vida de Dios, podemos confiar que seremos liberados del miedo deshumanizante en nosotros y que lucha contra nuestra vocación.

No seremos librados de todo en un instante, por supuesto. Y sin duda nuestras expectativas se verán desilusionadas una y otra vez. Pero si la iglesia ha sido testigo fiel del carácter y la naturaleza de Dios, podemos tener confianza que a la medida en que dejamos que la relación de Dios consigo mismo habite en nosotros, nuestra humanidad, nuestra condición de criatura de Dios, serán renovadas para que podamos cuidar de otros sin oprimirlos. En esto está la cuestión principal: no hay nada mas humanízante y santificante que contemplar la belleza de Dios y la gloria que comparte con nuestro prójimo.

***

La contemplación no es solo un tipo de cosa que hacen los Cristianos. Es, en verdad, la base de todo lo que hacemos. Por supuesto, la oración silenciosa y contemplativa está en el corazón de la vida contemplativa, y todos haríamos bien en practicarla. Pero la contemplación no puede ser reducida a una forma regular de oración meditativa, justo como no es idéntica a la reflexión teológica. En cambio, la contemplación es una modalidad y orientación de vida, una manera de interactuar y recibir la realidad, una manera de percibir que todo es un regalo o gracia que viene a nosotros. La contemplación es un modo de vida de atención.

Es atender a Dios en todas las cosas, en todo tiempo, y a todas la cosas y tiempos en Dios.

Si deseamos vivir este tipo de vida, una vida de atención a Dios en medio de nuestras experiencias en el mundo, debemos aprender de la mejor manera posible la verdad revelada de la naturaleza y el carácter Divino. Por supuesto, la contemplación no se puede reducir a las ideas que tenemos acerca de Dios. No debería hacer falta decirlo, que la meta no es meramente aprender las opiniones ortodoxas. Pero la contemplación *es* inseparablemente entrelazada con las maneras en que pensamos de Dios, aunque sea distinto de nuestros pensamientos de cómo es Dios y finalmente transciende todo esto. Nuestra adoración y testimonio, nuestras palabras a Dios y para Dios con y para los demás, nuestra coparticipación en la labor de Dios en el mundo depende en cada punto de la enseñanza fiel y de aprender de la verdad de quién es Dios y como es Dios.

Con certeza podemos decir que hay un tipo de conocimiento acerca de Dios que excede cualquier cosa que podamos pensar o sentir acerca de Dios. Pero movernos al misterio divino corre a la par del camino abierto por la doctrina, por la constante consideración de la naturaleza y carácter de Dios. Nuestras convicciones acerca de Dios importan. Y estas convicciones no pueden ser meramente nuestras, o ser integradas a nuestras vidas aparte de la reflexión compartida sobre lo que pensamos acerca de Dios mientras que estamos practicando el evangelio en nuestras vidas. Cuanto más alineado se pone nuestro conocimiento de Dios con la verdad, nos hacemos más disponibles para la transformación necesaria para ver todo transfigurado a la luz del carácter de la divina vida de Dios.

Con todo esto ya dicho, no podemos olvidar que la contemplación es un regalo y nunca un logro. Solo sucede cuando Dios nos despierta a Dios mismo. Como dijo Thomas Merton en su libro acerca de la oración contemplativa, "la verdadera contemplación no es un truco psicológico sino un don teológico. Llega a nosotros como un regalo, y no como el resultado de nuestro astuto uso de técnicas espirituales." El Dios viviente no puede ser controlado o dirigido. El fuego debe caer sobre el altar; es inútil convocarlo con nuestras fuerzas. Sin embargo, podemos y deberíamos posicionarnos para el despertar que Dios nos ha prometido. De hecho, así sabemos cuándo la contemplación está empezando a tomar forma en nosotros: nos encontramos siendo abiertos a lo que Dios está haciendo en nosotros, siendo lentamente traídos a estar más alineados con el amor de Dios para Dios mismo y de su amor para con nosotros, conociéndonos como somos conocidos por Dios, volviéndonos transparentes a Cristo como él se ha hecho transparente con nosotros mismos. Podemos y deberíamos, una y otra vez preguntarlos por qué amamos a Dios y qué es en Dios que encontramos meritoso para ser amado, porque en estas preguntas nos mantenemos abiertos a la posibilidad de las respuestas que pueden sorprendernos. Respuestas que pueden ayudarnos a saber cómo mejor someternos a la obra de Dios en nuestras vidas.

* * *

Esta manera de mirar hacia Dios en medio de nuestras experiencias de vida en este mundo no es fácil, porque muchos de nosotros constantemente permanecemos esclavizados por lo "práctico." Estamos condicionados a esperar—y también demandar—verdades que tengan sentido al instante y facilmente, y que esas verdades "mejoren" inmediatamente la calidad de nuestras vidas. Pero como San Agustín nos dijo hace mucho tiempo, los seres humanos no fuimos hechos solo para tener uso inmediato de las cosas. Fuimos creados para disfrutar de Dios y de nuestros prójimos, y de hallarnos a nosotros mismos a través de perdernos en el disfrute de Dios en nuestros prójimos.

La contemplación de la naturaleza y carácter divino, entonces, es una forma de rebelión en contra de la tiranía de lo práctico, y precisamente en esta manera un rechazo hacia una vida reinada por el miedo. La contemplación nos mueve más allá de pensar de Dios como algo útil, como si fuera un recurso al cual podemos acudir para hacer de nuestras vidas lo que otros han dicho que deben de ser. Tomás de Aquino describe la salvación básicamente como nada más ni nada menos que reflexionar sobre la divina esencia ahora y siempre. Si eso no suena atractivo, es porque todavía no entendemos como deberíamos entender lo hermoso que es Dios y la belleza de su obrar.

***

Ser despertado por el Espíritu hacia la contemplación no es vivir con una sensación duradera de la presencia de Dios o disfrutar de una constante consolación y paz. De vez en cuando, nos encontramos conscientes de una profunda e íntima comunión de amor con aquel quien es nuestra vida. Pero esto no es lo que más importa. Lo que más importa es que mientras vivimos una vida contemplativa empezaremos a llegar a una nueva conciencia de quienes son nuestros *prójimos,* reconociendo por primera vez su verdadera gloria en su máxima fragilidad. Lentamente nos hacemos conscientes de las interminables posibilidades de cuidar ellos para que ellos conozcan el gozo que se merecen conocer. La contemplación al final es una manera de amar a nuestros prójimos precisamente porque es la manera de amar a Dios y experimentar el amor de Dios.

La contemplación no nos hace indiferentes al mal o la injusticia. Y la contemplación no resuelve todos nuestros problemas, ni nos ofrece todo lo que quizás imaginemos que necesitamos. No nos movemos hacia Dios para que podamos experimentar consuelo o protección de las tristezas de la vida. No oramos a escondidos en una especie de éxtasis espiritual, mientras el mundo esté en llamas. Aunque mantengamos nuestros ojos de fe en lo que no podemos ver, nosotros, como todos los demás y todas las cosas, sufrimos y morimos. La contemplación no es nada más ni nada menos que la manera de vivir con Dios por amor al prójimo, especialmente nuestros prójimos que se consideran a sí mismos aquellos con quienes hemos decidido compartir nuestra vida. Es una manera de relacionarse al mundo en toda su rupturas y fragilidad mientras que está siendo transfigurado por la luz de la esperanza que tenemos en la bondad de Dios.

Ver a Dios como se ha revelado en la vida y muerte de Jesucristo , y mirar "plenamente a su hermoso rostro", no es perder de vista el mundo sino verlo correctamente por la primera vez. Sintonizarnos con esa realidad es la única forma de rechazar ser dominados por el terror del miedo. No significa que el mundo de cierta manera ahora se vuelva seguro para por nuestro deleite en la belleza de Dios. Para nada. Pero somos transformados por nuestra visión de esa belleza en la semejanza de Cristo, hechos para compartir en el carácter de quien estamos contemplando. Contemplar a Dios por fe ilumina los ojos de nuestro corazón para que podamos ver la realidad de otra forma, y de esta manera nos empieza a liberar del miedo que nos mantendría separados el uno del otro. Llenos del amor de Dios, estamos siendo fortalecidos a vivir la vida de Cristo, dándonos a nosotros mismos sin miedo con Cristo para la vida del mundo.

2

Como (no) creer en Dios

"El Dios que hizo el mundo y todo lo que hay en él . . . No
vive en templos construidos por hombres, ni se deja servir
por manos humanas, como si necesitara de algo."

HECHOS 17:24–35

"Dios no es un simple mortal . . ."

NÚMEROS 23:19

"Nuestra idea de Dios nos cuenta más acerca
de nosotros mismos que de Dios."

THOMAS MERTON

Vivimos demasiado familiarizados con Dios—o por lo menos
con todo lo que hablamos acerca de Dios. Muchos de nosotros estamos tan familiarizados con Dios que raramente, o nunca, nos detenemos para pensar en qué queremos decir con ello o
qué significa para nosotros. A diferencia de los Atenienses quienes
Pablo conoció en el Areópago, nosotros sí conocemos el nombre

del Dios a quien adoramos (Hechos 17:16–34). Pero a menudo tenemos un sentido fragmentado y oscurecido del carácter y la naturaleza de Dios. Nos hemos vuelto obsesionados por la mecánica de vivir la vida Cristiana, demasiado enfocados en y prestando atención a las demandas del ministerio y las dinámicas de la experiencia espiritual, que hemos perdido contacto con quien llamamos por el nombre de "Dios" y como debemos hablar con y de él. No somos "necios" quienes no creen que hay un Dios (Salmo 14:1), pero de alguna forma hemos sido engañados en asumir que no importa qué es los que pensamos acerca del Dios en el cual hemos sido convencidos de creer. Sabemos lo suficiente para no darnos cuenta de lo poco que en realidad entendemos o por qué nuestra ignorancia e imprudencia en estos casos importan. En giro extrañamente amargo, nuestra familiaridad y proximidad a Dios nos dejan enajenado de Dios mismo.

Como resultado de esto, nuestra presente condición es en un sentido más desafiante que la que tuvo Pablo. Él tuvo que explicar la verdad de Dios a personas quienes abiertamente admitían que no conocían a Dios. Para nosotros nos toca redescubrir la verdad de un Dios a quien equivocadamente presumimos conocer. Esto significa para muchos de nosotros que el proceso de llegar a saber pensar y hablar de Dios será inseparable de desaprender las opiniones arraigadas que tenemos acerca de Dios. Nuestras suposiciones que hemos tenido de la naturaleza divina y de su carácter deben ser desarraigadas y derribadas antes de que podamos entrar plenamente en el proceso de aprender a pensar fielmente acerca de Dios. La oración de Maestro Eckhart tiene que ser nuestra oración de fe: Dios (como en verdad eres) deshazte de Dios (como nosotros imaginamos que eres).

***

Muchas de nuestras tradiciones de fe por mucho tiempo han tenido temor a una ortodoxia muerta, una espiritualidad sin vida, y una religión ineficaz. Hemos sido convencidos de lo que más importa para nuestras iglesias y ministerios es que consigamos la mayor cantidad de personas y que crean de la manera más rápida posible, y que esto creyentes individualmente tomen responsabilidad por su "relación personal con Dios" (rare vez parando para considerar qué significa este tipo de lenguaje). Hemos actuado de una forma que considera que una lenta y profunda enseñanza o catequesis no es para nada importante, mucho menos esencial en el proceso de discipulado. Y en la medida que damos algo de atención a la formación doctrinal o teológica, nos encontramos enseñando las características doctrinales distinctivas de nuestra iglesia o denominación. Ahora, debido a nuestros éxitos o errores en esto, no estamos siendo amenazados por formas *nominales* de la fe Cristiana sino *falsas* versiones. Esto se ver claramente en lo que decimos y pensamos, explícita e implícita, directa e indirectamente, acerca de Dios. El diagnóstico de David Bentley Hart sobre esto tiene mucha verdad: nuestro mero concepto de Dios se ha vuelto "completamente empobrecido, completamente mítico."

***

¿Qué pasó que todo se hizo tan errónea en nuestro pensar acerca de Dios? ¿Por qué importa todo esto? Para muchos de nosotros, aunque nos demos cuenta o no, "Dios" se refiere a todo lo que pasa cuando no tenemos otra forma de explicarlo. Dios es una de las causas de las cosas que pasan en el mundo (la causa principal, por cierto, pero solo una de varias causas). Y porque imaginamos a Dios como un agente de causalidad entre otros, nos lleva a pensar que Dios está a veces presente o ausente, a veces activo o pasivo— muchas veces si no siempre en respuesta a algo que personalmente hemos hecho o fallado en hacer. Nos mantenemos convencidos de que Dios posee la fuerza necesaria para superar toda resistencia a su voluntad. Dios tiene más poder que cualquier otro agente en el mundo, más poder que todos los otros agentes combinados. Pero a veces por razones que no podemos descifrar, Dios elige no superar esos problemas para nosotros, dejándonos sufrir las consecuencias de nuestras acciones o las acciones de otros. A través de todo esto, sin embargo, hacemos todo lo que podemos como personas de fe para seguir confiando que lo que Dios permita pasar resultará para nuestro bien, y de alguna manera cumplir su propósito en nosotros.

Obviamente, yo pienso que más o menos todo en esta esquema está equivocado de una forma u otra. Pero aunque yo tenga razón, ¿en verdad importa? ¿Qué diferencia hace a nuestra vida si la manera en que pensamos acerca de la naturaleza divina esté desorientado o equivocado? ¿No será que todo lo que decimos acerca de Dios falla al final en nombrar la verdad del misterio de su divinidad? Los teólogos siempre han insistido que nuestro entendimiento no puede ser equiparado con la realidad de la divinidad de Dios. En otras palabras, "Si pensas que entendiste a Dios, no es Dios que has entendido." En cierta forma, "Dios es revelado precisamente donde nuestro conocimiento no llega." Las vidas de los santos y santas de la iglesia nos comunican la realidad de que mucho de lo que nos está pasando espiritualmente no viene como consecuencia o resultado de estudio teológico o de la reflexión sobre la naturaleza o carácter divino de Dios. La verdad es que nadie con la un poco de sentido de la complejidad de nuestras vidas en el mundo podría sugerir una simple y lineal relación entre teología y santificación, entre pensar en Dios y llegar a compartir en su carácter. Entonces, ¿como puedo argumentar que la manera en que nosotros pensamos acerca de Dios una diferencia tan crucial en nuestras vidas?

Yo argumento así debido a que estoy convencido de que los seres humanos están hechos para el importante trabajo de la interpretación. Somos criaturas que tenemos que encontrar el sentido de la realidad que nos es dada, con el propósito de conocer a Dios en todas las cosas y a todas las cosas en Dios. Con esto en mente, podemos admitir que todos nuestros pensamientos acerca de Dios son los pensamientos de las criaturas de Dios. Sí, nuestros pensamientos y la manera en que hablamos acerca de Dios fallan con lo que queremos que hagan. Si, la reflexión acerca del carácter y la naturaleza de Dios es altamente demandante y a veces riesgoso. Pero sin embargo este es trabajo que debemos hacer, trabajo que pertenece a la manera en que el Espíritu Santo está moldeando nuestras vidas a la imagen de Dios en Cristo. Y decir que estas palabras y pensamientos son desde nuestra experiencia como creaciones de Dios, no significa que sean sin valor o en vano. De hecho, es todo lo opuesto.

Hilario de Poitiers sin duda está en lo cierto cuando dice, "nuestra naturaleza no es tal que podamos levantarla nosotros mismos por nuestra fuerza para contemplar las cosas celestiales. Tenemos que aprender de Dios qué tenemos que pensar de Dios; no tenemos ninguna fuente de conocimiento que no sea de Dios mismo." La fe dada a nosotros insiste en que Dios de hecho *se ha* revelado y dado a conocer. Estamos en un proceso de aprender de Dios qué es lo que tenemos que pensar acerca de Dios. Dios no nos ha dejado huérfanos. Como dice Kate Sonderegger, Dios es tan humilde que con gozo se recuesta en el abrazo de nuestro conocimiento. En las palabras de San Pablo, a través de la gracia del Dios trino, mientras el Espíritu nos abre a la plenitud de la vida del Hijo y el Hijo nos abre a la plenitud de la vida del Padre, nosotros llegamos a conocer a Cristo con un conocimiento que transciende nuestro conocimiento. Dios de esta manera nos eleva a alturas que nos superan, más allá de nuestras capacidades y deseos naturales en las alturas y en las profundidades, en la anchura y largo del misterio divino. Este es el conocimiento al que llegamos en la contemplación.

***

Teológicamente llegamos al misterio atreves de la vía negativa. Podemos conocer qué y quién es Dios solo por reconocer qué y quién *no* es. Y esto significa que aprender a pensar fielmente acerca de Dios es algo básico del discipulado y nuestra formación en la semejanza de Dios. (Para aclarar las cosas, aprendiendo a pensar en Dios no es la única lección que tenemos que aprender—pero sí es una lección crucial.) Como Tomás de Aquino insiste, "no hay nombre que pertenezca a Dios en el mismo sentido que corresponde a la creación." (Por ejemplo, podemos ser sabios, pero para Dios es: Dios es la sabiduría de Dios mismo. O podemos vivir con amor, pero para Dios es: Dios es amor mismo.) El reconocimiento que Dios es Dios tiene fuerza para nosotros cuando tenemos que forzarnos a pensar en qué estamos pensando y diciendo acerca de Dios y pensar qué significa cuando pensamos y decimos esas cosas. Con este fin, Edith Stein, quien fue una filosofa Judía Católica y monja Carmelita nos deja una regla importante para todas nuestras maneras de hablar de Dios: *Dios es siempre más grande.* Más grande que nuestras afirmaciones. Más grande que nuestras negaciones. Más grande de lo que podemos decir y pensar. Más grande de lo que entendemos o tenemos deseo de entender.

En el camino de encontrar las maneras menos equivocadas o engañosas de pensar acerca de Dios, nos disponemos a ser transformados—una transformación que nos lleva al misterio que yace más allá de cualquier cosa que podamos imaginar, y mucho menos poner en palabras. En sus *Gifford Lectures,* Rowan Williams argumentó que tenemos que someter nuestro lenguaje de Dios a la verdad que la realidad divina es infinitamente excesivo: no puede ser hablado o pensado como algo final o exhaustivo. Dios es infinitamente determinante y absolutamente incondicional e incontrolable. Al llegar a este entendimiento, mostramos que Dios no es una realidad que creamos para nosotros mismos, no es una proyección de nuestros propios pensamientos. Y por esta razón, tenemos que ser conscientes de como hablamos de Dios, en una manera cuidadosa, sensible, y humilde. Llegar a conocer a Dios verdaderamente es inseparablemente ligado con la práctica de *no-saber,* lo que Nicolás de Cusa llamó "ignorancia aprendida" y Sarah Coakley ha llamado *no-dominio.* Nuestros pensamientos y conversaciones acerca de Dios no pueden explicar el misterio de la divinidad, pero sí puede, por la gracia, identificar fielmente a Dios. Como lo puso Máximo el Confesor, la fe genuina hace posible la suprema ignorancia que es requerida para conocer al supremo Dios que es inconocible. Quizás por esta misma razón Jesús desafió al joven rico quien preguntó, "¿qué es lo bueno que debo hacer para obtener la vida eterna?" (Mateo 19:16). Jesús le respondió, "¿Por qué me preguntas sobre lo que es bueno? . . . Solamente hay uno que es bueno." En forzar al joven a cuestionarse a sí mismo y su manera de pensar, Jesús creó el espacio necesario para su conversión y su transformación final. Si este hombre hubiera dejado lugar para que Cristo pusiera sus preconcepciones a prueba, él podía con eso ser librado de las ilusiones. Si desea verdaderamente saber por qué el llamó a Jesús bueno, él podía hacerse disponible para la visión transformadora de Dios revelada en Jesús.

***

Podemos ver la fuerza de la transformación en la *vía negativa* en ejemplos como lo que Balán le dice a Balac (Números) y el sermón de San Pablo a los habitantes de Atenas (Hechos). Tanto el Profeta y apóstol identifican a Dios afirmando lo que no es. Balán dice, "Dios no es un simple mortal para mentir y cambiar de parecer. ¿Acaso no cumple lo que promete ni lleva a cabo lo que dice?" (Números 23:19). Pablo predicó, "El Dios que hizo el mundo y todo lo que hay en él . . . No vive en templos construidos por hombres, ni se deja servir por manos humanas, como si necesitara de algo. Por el contrario, él es quien da a todos la vida, el aliento y todas las cosas" (Hechos 17:24–25).

Prestando atención a esta sabiduría, aprendemos, primeramente, que Dios no es una creación dentro de este universo, que no es algo que existe en este plano de la realidad. De hecho, para enfatizar esto aun más, podemos decir junto a Tomás de Aquino que Dios no existe en absoluto: Dios es su propia existencia. Si esto parece ser equivocado, pensemos de esta forma. Imagínense una pizarra. En la pizarra, dibujamos un círculo y la llenamos de muchas X de varios tipos y colores. Imaginemos que todos estas X representan todo lo que existe, desde los arcángeles a una ameba, desde el amor a un caramelo. Nuestra tentación es pensar que Dios seria la X más grande dentro del círculo, o quizás el circulo mismo. Pero Dios no es ni el círculo ni tampoco las marcas dentro del círculo. Dios es, quizás, más entendido como la tiza, la pizarra, y el evento de marcar la pizarra. Dios es todo lo que hace que el circulo sea un círculo y que las varias diferentes X sean lo que son. En el lenguaje de las escrituras, el Dios trino, ". . . es anterior a todas las cosas, que por medio de él forman un todo coherente" (Colosenses

1:17). Que haya algo, en vez de la nada misma, es por el hecho de que Dios ". . . sostiene todas las cosas con su palabra poderosa" (Hebreos 1:3). Entendiendo esto, podemos entender qué Simone Weil quiere decir cuando ella nos anima a pensar que orar a Dios es purificadora no solo en secreto en cuanto a concierne a nuestros prójimos, sino también con la idea que "Dios no existe." Tenemos que dar muerte a nuestras imaginaciones de Dios como existente, retrayéndonos en la oscura noche del ocultamiento divino, Dios nos salva de amarlo como un "ávaro ama su oro." De esta manera, el cáncer de la idolatría es amputada del órgano de la fe genuina— una cirugía que debe ser hecha una y otra vez en el transcurso de nuestra vida.

***

Aprendemos, en segundo término, que Dios a veces no está presente o activo, sino que ausente y pasivo. Dios no es un (asombrosamente poderoso e increíblemente sabio) agente entre otros (menos poderosos o sabios) agentes en el mundo. Cuando decimos que Dios es omnipotente, no queremos decir que Dios tiene el mayor poder en el universo, poder suficiente para superar cualquiera o toda resistencia a su voluntad. No, queremos decir que Dios tiene todo el poder divino. Solo Dios es Dios. Todo lo demás no es Dios. Eso significa que ninguna creación tiene algún poder divino en lo absoluto; solo tiene el poder que una creación tiene dada por su creador. Como Jesús le dijo a Poncio Pilato, "No tendrías ningún poder sobre mí si no se te hubiera dado de arriba . . ." (Juan 19:11) En esta misma manera, cuando decimos que Dios es omnipresente, no significa que Dios es capaz de estar en cualquier lugar cuando Dios quiere. Lo que queremos decir es que, en su propia omnipresencia, Dios está siempre con nosotros. Dios es un evento, un suceder, "no un objeto pero una Vida que está sucediendo eternamente y siempre nuevo," como dijo Hans Urs Von Balthasar. En las palabras de Aquino, Dios es "hecho puro"—y por esto siempre completamente todo lo que Dios es. ¿Qué significa esto? Significa que si Dios no está activamente presente, conteniéndonos en su existencia, más cerca de nosotros que nosotros a nosotros mismos, que sin esto nosotros no seriamos nosotros. No experimentamos Dios en esta forma obviamente. Pero después de un poco de reflexión nos damos cuenta que es justo lo que debemos pensar acerca de esto. La presencia de Dios debe ser revelada a nosotros—como confiamos que será en el final de las cosas. Pero ahora, sin embargo, sabemos que esa presencia solo se experimenta por la fe y por ende nuestras vidas se mantienen ocultas en Dios mientras que la presencia de Dios se mantiene oculta de nosotros. Quizá nadie entiende este principio mejor que San Juan de la Cruz: ninguna experiencia sensorial es evidencia de la presencia de Dios, tal como la falta de experiencia sensorial no es evidencia de la ausencia de Dios. Porque Dios siempre está obrando dentro de lo que este autor llama "la condición de nuestras vidas mortales," sabemos que cualquier "impresión" que viene a nosotros no puede ser confundida con la presencia misericordiosa de Dios que nos sostiene. En esta manera, ninguna falta de sentidos nos puede alejar de Dios. Cuando todos nuestros sentidos nos fallan, dejándonos en la "sequedad, oscuridad, y desolación," no podemos caer ni un momento en el pensar que Dios está lejos de nosotros. Nada nos puede separar del amor que nos contiene, mucho menos lo que sintamos. Por eso dijo San Juan de la Cruz que Dios está más cerca de nosotros cuando estamos lo menos conscientes de su cercanía.

***

En tercer lugar, y finalmente, aprendemos que Dios no puede ser limitado u obligado. En el curso de hablar de lo que creemos, a veces sugerimos o insinuamos que Dios es sujeto a la eternidad como nosotros somos sujetos al tiempo/espacio. Como si Dios viviese o fuese condicionado por vivir en el cielo como nosotros habitamos la tierra. También nos encontramos sugiriendo en su trato con nosotros, que Dios es sujeto a las reglas de la justicia o principios morales imaginados como externos a o fuera de Dios mismo. Pero esto no puede ser cierto. Completamente diferente que todas las cosas creadas, Dios es único y absolutamente libre—libre de rivales, libre de todas las reglas. Dios no está condicionado por nada que aparte de su misma divinidad: este es la verdad critica de la doctrina de *creatio ex nihilo*. Esto puede parecer meramente académico, pero la reflexión nos revela que esto está en el corazón de la fe misma. Al decir que Dios crea de la *nada* significa que todo lo que existe es *otro* a Dios, y completamente dependiente de Dios. Y también significa que Dios no tiene necesidad ni puede ser manipulado y usado.

Un Dios que "necesita" seria lo peor para la existencia, porque significaría que tanto nuestra existencia y nuestra salvación tendrían un motivo escondido. Un Dios que "necesita" no puede dar gracia; en vez sería un Dios que negocia o que ofrece recompensas. Y por este motivo, este tipo de Dios seria inherentemente vulnerable a la manipulación. Una vez que conoceríamos este tipo de Dios, podríamos usar nuestras acciones en contra de Dios, usándolo para nuestros propósitos, como hacemos con los ídolos. Un Dios así no seria y no podría decidir ser Dios para nosotros, asumiendo nuestra humanidad como suya. Este tipo de Dios no se sometería a la humillación de la tortura y la muerte para librarnos de los poderes de la enajenación que nos alejan de nosotros mismos y del mundo. Un Dios así no podría o quisiera hacer espacio para nosotros dentro de su vida, compartiendo todo lo que tiene con nosotros.

La buenas noticia en todo esto es que Dios *no* es un Dios que "necesita." Dios no está condicionado por nada, y por este motivo no es vulnerable a la manipulación. Por este motivo podemos confiar en sus divinas promesas, y descansar en la esperanza que el final propuesto para nosotros es bueno porque Dios es bueno. Dios no necesita de nuestro amor o alabanza, o nuestra obediencia. Dios no nos creó ni nos redimió por alguna falta de algo en su propia vida. Dios creó y salvó la humanidad con el exclusivo propósito de *nuestro* beneficio. Todo lo que Dios hace, como todo lo que Dios es, es un regalo. Y ver esto, es vivir en la luz.

3

Salvando el deseo

""Una sola cosa pido al Señor … para contemplar la
hermosura del Señor y buscar orientación en su Templo."

SALMOS 27:4

"No había en él belleza ni majestad alguna; su aspecto no
era atractivo y nada en su apariencia lo hacía deseable."

ISAÍAS 53:2

¿Por qué amamos a Dios? ¿Cuándo nos encontramos deseando a Dios, ¿qué es en verdad lo que encontramos deseoso o con propósito de ser amado? ¿Cómo es que llegamos a amar a este Dios en particular en primer lugar? ¿Cuál es la fuente de este amor? ¿Cuál es la meta de todo esto? Las escrituras nos revelan que amamos a Dios porque Dios nos amó primero. Pero no podemos tomar este amor por Dios como una respuesta auto-determinante. Amamos a Dios por que hemos sido beneficiarios de la gracia para amar. Otra forma de decir esto, es que amamos a Dios porque al amarnos Dios trae nuestro amor por Dios a la existencia. Todo lo que Dios requiere de nosotros, Dios primero hace posible para nosotros, y luego nos guía hacia esa posibilidad—y lo lleva al cumplimiento en nosotros.

Lo que amamos de Dios puede calificarse como su belleza. Pero para aquellos de nosotros quienes creen en la verdad que Dios fue revelado en la historia particular de un escandaloso campesino Palestino, qué belleza extraña resulta ser. Quizás no deberíamos estar sorprendidos por este sentido de rareza. Es *la belleza de Dios* y precisamente por este motivo una especie de hermosura que no podemos fabricar por nuestra cuenta, y no la fabricaríamos aun si lo pudiéramos hacer. Esta belleza divina no es solaments inimaginable para nosotros, no se acopla a nuestras reglas o entendimiento, y tenemos que sufrir pacientemente esperando para verlo en su verdad. Como dijo San Pablo, la sabiduría de Dios es una locura para la sabiduría humana y el poder de Dios aparenta débil comparado a las ilusiones de dominación y poder mundano (1 Corintios 1:18–31). Lo seguro es que fuimos creados por Dios, y así en cierto sentido natural deseamos a Dios. Dios es, como dijo San Agustín, nuestro verdadero hogar. Pero ¿qué pasa si tenemos miedo, y estamos tan envueltos en mentiras, tan cansados de nuestros errores, tan desconcertados por los daños cometidos en contra de nosotros, que no podemos encontrar a Dios como deseable? O, para decirlo de una manera más tradicional, ¿qué pasa si estamos tan enfermos por el pecado que no podemos amar a Dios como Dios es y a nuestros prójimos como nosotros mismos?

Antes de avanzar más, quiero expresarme de la manera más clara posible: cuando en adoración confesamos que somos pecadores, no estamos entrando al odio-propio o al auto-abuso. De hecho, es totalmente lo opuesto. Estamos reconociendo ante nosotros mismos y ante Dios nuestra absoluta necesidad de ayuda e impotencia de vivir las vidas que queremos vivir y necesitamos vivir. Estamos reconociendo que solo podemos ver la belleza de Dios con la ayuda de Dios para abrir nuestros ojos.

Al principio todo suena como malas noticias. Pero esto de hecho es el cimiento de nuestra esperanza: Dios no es nuestra creación, sino nuestro creador, no lo que queremos que Dios sea para nosotros, sino lo que Dios es en virtud de su vida misma complemente aparte de nosotros en su cualidad de creador. Y porque Dios es bello, Dios nos puede hacer bellos, despertándonos a la verdad de su belleza para que nosotros podamos verlo tal y como es y convertirnos en más como Dios en esta nueva visión. Dije en el capítulo pasado que no hay nada más seguro y que nos puede liberar como contemplar la belleza de Dios. La buena noticias es que Dios hace real la posibilidad de compartir su propia vida su hermosura, con nosotros. Lo que es únicamente parte de Dios, lo comparte con nosotros.

***

Somos tan vulnerables a ser engañados por nuestros deseos—en especial por el deseo de la transcendencia y la eternidad que determina el mayor sentido de nuestras vidas. Los evangelios nos enseñan que muchos de los que estaban alrededor de Jesús, inclusive sus discípulos y amigos más cercanos, lo seguían con falsas y vanas esperanzas. La difícil verdad de esto es que muchas veces nos encontramos atraídos a lo que equivocadamente pensamos que es Dios. A veces, como Simón el hechicero en Hechos, nos acercamos a Dios para esos recursos o poderes que encontramos útiles, imaginándonos que si profesamos nuestra fe en Dios podemos asegurarnos de una vida mejor (Hechos 8:9–25). Para la mayoría de nosotros, por lo menos en algunos momentos, la decepción es más sutil, menos completo. Nuestros deseos no son tan alevosos, sino que mínimamente corruptos. Nos deleitamos en la justicia de Dios, pero solo cuando se trata del dolor que puede traer a nuestros enemigos. Nos deleitamos en la misericordia de Dios, pero solo cuando esto implica que pensamos que vamos a ser protegidos del sufrimiento que otros tienen que pasar. Nos deleitamos en la ley de Dios, pero solo cuando provee para nosotros una matriz ordenada para juzgar el bien y el mal, o el orden y el desorden, de la gente buena y mala. Nos deleitamos en el llamado de Dios, pero solo cuando nos ayuda a imaginar que tendremos éxito en nuestros ministerios o en enaltecernos. Nos deleitamos en la presencia y la labor de Dios en nuestras vidas, pero solo cuando nos gusta el sentido que nos deja una linda experiencia y queremos avanzar rápidamente en las profundidades o alturas de la vida de fe.

Estamos siempre, por lo menos hasta el final de nuestras vidas, viviendo con el riesgo de estos engaños y un sinfín de otras mentiras similares. Pero no tenemos que entrar en un estado de pánico o de desesperación. Si deseamos lo bueno en maneras que no son buenas, podemos quedarnos en paz sabiendo que Dios en su gracia no nos cumplirá. Si lo que encontramos hermoso en Dios es una ilusión, Dios nos ha prometido revelar su verdadera belleza hasta que encontramos lo verdaderamente deseable.

***

Pero ¿cómo hace Dios esto? Si encontramos a Dios-como-Dios-es no deseable, si somos atraidos por una mera proyección de deseos inmaduros y confundidos, y si nos hemos lanzado con buenas intenciones hacia una meta que al final no es factible, entonces, ¿cómo podemos recibir la bondad de Dios que necesitamos para ser íntegros? Responder esta pregunta está en el corazón mismo del evangelio: solo podemos encontrar al Dios de la belleza en la medida que Dios se hace presente y disponible a nosotros y crea en nosotros el poder para responder a esta presencia. Solo Dios puede conocer a Dios, y solo Dios puede llevarnos a conocernos como tenemos que ser conocidos. No podemos salvarnos de nosotros mismos, y los regalos más preciosos son los que simplemente recibimos. Somos criaturas, y así radical y totalmente dependientes de Dios para nuestra salvación y mucho más para tener una existencia plena. De hecho, si el evangelio es verdad, somos libres para ser salvados por el hecho mismo de ser las criaturas que somos: finitos, temporales, y encarnados en cuerpos humanos. Porque Dios es tres-en-uno (trinidad), y ha tomado nuestra humanidad como suya, Dios puede hacernos bellos con su propia belleza sin violar en ningún sentido nuestra integridad como criaturas o deshacer las particularidades que nos hacen personas.

En tomar la humanidad como propio, Dios nos escandaliza y nos ofende. Como nos recuerda Dietrich Bonhoeffer en sus clases de cristología, la encarnación no es humillación para Dios—¡no es como si Dios lo encontrara impropio tomar la forma humana para si mismo! La encarnación es humillación para *nosotros*, porque Dios se acerca a nosotros sin belleza, sin atractivo o invitación, haciendo ridículo cualquier marco de referencia, todo estándar de juicio, toda orden o esquema que hemos creados para nosotros para dar nuestra vida importancia y estabilidad. Simone Weil está en lo correcto, creo, cuando dice: "... en la actividad de la noche oscura, Dios se retrae para no ser amado como un tesoro por el ávaro."

Lo que nos ofende, entonces, es la revelación Dios es humilde, y que solo a la medida en que nos humillamos—contando como nada todos nuestros logros y privilegios que nos dan seguridad de nuestro sentido de importancia y rechazando todas las estructuras que nos dan seguridad contra las amenazas de nuestros enemigos—que Dios nos da la posibilidad de ser verdaderamente nosotros mismos, habitando este mundo que nos fue dado, y dispuestos a tomar la responsabilidad por nuestros prójimos. Dios nos ama demasiado para dejarnos adorar al dios de nuestras imaginaciones. Dios nos escandaliza con el fin de librarnos de nuestras ilusiones.

***

¿Por qué existimos? ¿Por qué existen todas las cosas? De acuerdo con las escrituras, "todo ha sido creado por medio de él y para él" (Colosenses 1:16), y al final Dios, con nosotros—colaboradores en su humillación y coherederos en su exaltación—regresará la creación al Padre para que Dios sea finalmente el "todo del todo." Esta verdad es básica a todo lo que creemos: la creación no viene por medio de la necesitad o la falta en la vida divina de Dios. La creación viene porque la vida de Dios es sin fin, siempre excediendo la expectativa del intercambio del regalos que es la divina naturaleza de Dios. En todo momento, por ende, la creación es dependiente de la infinita generosidad y hospitalidad de Dios. Nuestro gozo y sentido de llenura final viene en participación en el evento eterno de la generosidad y la hospitalidad de Dios.

Entendiendo esto, reconocemos el pecado siendo cualquier cosa que frustra o daña nuestro gozo, cualquier cosa que nos mantiene fuera del evento de Dios que sostiene nuestras vidas. Trágicamente, el poder del pecado es tal que puede y a menudo nos limita de ese gozo y descanso divino—y nos mantiene enajenados hacia nosotros mismos. Entonces, si es que debemos conocer el propósito de nuestras vidas, necesitamos ser redimidos, liberados, reconciliados, y sanados por Dios. ¿Cómo hace esto Dios en nosotros? En la misma manera en que Dios existe y crea: es por *amor*, manifestado trinitariamente dado y recibido.

Con eso dicho, es importante notar que la redención difiere de la creación en por lo menos un aspecto importante: Dios debe asumir *tanto* el dar *y* el recibir de este proceso. Dios no puede solamente dar de sí mismo a nosotros, porque el pecado nos mantiene lejos de recibir el regalo como regalo de Dios. Entonces él debe recibir su propia gracia en nosotros mismo, y hacerlo en una manera en que se genere dentro de nosotros la capacidad de disfrutar la vida que fuimos creados para vivir. Para que nosotros podamos ser nosotros mismos, Dios debe destruir el poder del pecado que nos esclaviza, haciéndonos libres a ser amados y poder amar, librándonos para poder compartir en el innombrable gozo que es la divina vida eterna de Dios.

Con la creación, Dios no sufre dolor o pérdida. Pero en la redención, sin embargo, Dios sufre. Podemos notar esto en las varias citas en el Nuevo Testamento que habla en estos términos: el Padre debe entregar al Hijo y el Hijo se debe entregar por nosotros en su muerte y así el Hijo se entrega a las manos del Padre en la obediencia de la muerte. Con el propósito de destruir el pecado, la vida divina en la humanidad del Hijo ha subsumido en sí mismo el horror del pecado y la muerte—lleno de toda ingratitud, ignorancia, pretensión, y el miedo absoluto. Gloriosamente, el amor de Dios es demasiado para la muerte, tal como la luz es demasiado para la oscuridad y la risa alegre para el llanto. El dar y recibir del Padre, Hijo, y Espíritu dan la victoria en el cuerpo de Cristo sobre todos los poderes que tratan de desarmarnos y nuestro mundo.

***

Aunque el Dios trinitario siempre nos está manteniéndo, nuestra redención no está completa o completamente nuestra hasta que nos encontramos amando como Dios ama. La obra de Dios en nosotros no puede ser terminada hasta que nos amamos los unos a los otros, a nosotros mismos, y a toda cosa creada con el mismo amor que el Dios trinitario es y hace posible. Eso y nada menos que eso es lo que Dios desea para nosotros y quiere efectuar en nosotros. Pero tantos de nuestros deseos están crónicamente, hasta fatalmente, enfermos. A veces, nos encontramos muy conscientes de lo que está pasando, internamente llenos de insatisfacciones impías, quejándonos de todo lo que no tenemos, y llenos del dolor de todo lo que hacemos. Otras veces, estamos totalmente inconscientes de lo que está pasando, sin ningún sentido de sensibilidad a la belleza que hay en todo el mundo, brillando en la cara de nuestros prójimos, esos extraños que nos recuerdan de la belleza de Dios.

¿Cuál sería el rol de la esperanza en esto? ¿Cómo podemos ser sanados? Dios nos sana de los malos deseos (lo que San Agustín llama "amores desordenados") en llevarnos al deseo de Dios mismo—deseo para Dios y para nosotros. En la encarnación, Dios humaniza el deseo divino y hace divino el deseo humano. Porque esa labor está completada, el Espíritu nos atrae a la comunión con Jesús, el que encarna el deseo humano completamente alineado con el deseo divino, y así reordena nuestro amor. También podríamos decir que la vida en el Espíritu no es nada más que el movimiento del deseo del Hijo por el Padre y del deleite del Padre hacia el Hijo. Y es esta vida, ese movimiento, que nos ha envuelto para nuestro bien.

Hablando del Espíritu en estos términos nos hace recordar que cuando contamos la historia de la vida y muerte de Jesús, no debemos hablar como si fuese que el Padre y el Hijo son los únicos actuando en esto. En cierta manera, es el Espíritu que hace todo esto posible. El Espíritu es la libertad por la cual el Padre da y entrega al Hijo, y por la cual el Padre recibe al Hijo otra vez. El

Espíritu es el poder por el cual el Hijo se da a sí mismo a la muerte y se ofrece al Padre de una manera en la cual el amor inagotable de Dios por el mundo es conocido. El Espíritu es la sabiduría que hace el amor del Padre por nosotros y por su Hijo unigénito, y el amor del Hijo por su Padre y por nosotros, siempre un amor indivisible y el mismo amor. El Espíritu es la gracia por la cual el Padre y el Hijo divino-humano viven en una intimidad mutuamente determinante—ya sea en la cruz o en la muerte. Debido a que el Espíritu crea un puente del espacio vacío del pecado y la muerte, no existimos fuera del alcance del amor divino: nada ". . . podrá apartarnos del amor que Dios nos ha manifestado en Cristo Jesús nuestro Señor." (Romanos 8:39) Ya que el Espíritu es el Espíritu, nada existe fuera o aparte de la presencia del amor del Dios trinitario. "Hasta en los dominios de la muerte, tu estas ahí" (Salmo 138).

Esta verdad viene como un fuerte alivio en la yuxtaposición de dos textos Paulinos. El primero, Romanos 8:15–17, 26–27:

> Y ustedes no recibieron un espíritu que de nuevo los esclavice al miedo, sino el Espíritu que los adopta como hijos y les permite clamar: «¡*Abba!* ¡Padre!*». El Espíritu mismo asegura a nuestro espíritu que somos hijos de Dios. Y si somos hijos, somos herederos; herederos de Dios y coherederos con Cristo, pues si ahora sufrimos con él, también tendremos parte con él en su gloria . . . Así mismo, en nuestra debilidad el Espíritu acude a ayudarnos. No sabemos qué pedir, pero el Espíritu mismo intercede por nosotros con gemidos que no pueden expresarse con palabras. Y Dios, que examina los corazones, sabe cuál es la intención del Espíritu, porque el Espíritu intercede por los creyentes conforme a la voluntad de Dios.

El Segundo siendo 1 Corintios 2:10, 13–16:

> Ahora bien, Dios nos ha revelado esto por medio de su Espíritu, pues el Espíritu lo examina todo, hasta las profundidades de Dios . . . Esto es precisamente de lo que hablamos, no con las palabras que enseña la sabiduría humana, sino con las que enseña el Espíritu, explicando

lo espiritual en términos espirituales. El que no tiene el
Espíritu no acepta lo que procede del Espíritu de Dios,
pues para él es locura. No puede entenderlo, porque hay
que discernirlo espiritualmente. En cambio, el que es espiritual lo juzga todo, aunque él mismo no está sujeto al
juicio de nadie, porque "¿quién ha conocido la mente del
Señor para que pueda instruirlo?" Nosotros, por nuestra
parte, tenemos la mente de Cristo.

Leyendo estos textos de cerca, vemos que el Espíritu examina
hasta las profundidades de Dios, y descubre ahí para nosotros
la mente, y el carácter de Cristo. Y vemos que el Padre busca en
nuestros corazones, llegando a conocernos en y a través de la intimidad del Espíritu con nosotros como el dador y sustentador de
la vida misma. El Padre examina dentro de nosotros como el Espíritu examina al Padre, y lo que el Padre encuentra en nosotros es
la necesidad de la plenitud de vida divina que el Espíritu encuentra
para nosotros en las profundidades de Dios. El Espíritu conoce a
Dios como Dios es y nos conoce a nosotros como somos, y en esa
sabiduría nos lleva a la comunión interna de Dios con Dios mismo
para que nosotros seamos uno con él, unidos a Dios como hueso
de los huesos de Cristo y carne de su carne. Hechos uno en Dios.

***

Dios es hermoso porque Dios ama, es amado, y es amor mismo,
dando y recibiendo amor en una manera perfectamente adecuada
a su vida infinita. Ricardo de San Víctor presenta el siguiente argumento: Dios es amor porque el Padre ama el Hijo con un amor que
solo Dios puede dar, el Hijo recibe este amor y lo hace recíproco
en una manera en la cual solo Dios puede recibir este amor y de-
volverlo. En la misma manera, el Padre y el Hijo juntamente aman
al Espíritu, quien, al recibir este amor perfecto compartido, es lib-
erado para amar al Padre y al Hijo de una forma creando un amor
mutuo sin egoísmo. Y porque este es el Dios en cuya imagen fuimos creados, solo en la manera en que llegamos a contemplar esta
belleza podemos empezar a convertirnos en nuestros verdaderos

seres, haciendo corporal el amor sin miedo del cual fuimos creados y para el cual fuimos creados.

Hace un par de años, todo esto me llegó de una manera inesperada e inolvidable. Mis suegros habían venido de Oklahoma, y mi suegra había traído regalos para mis hijos. Zoë, quien es la más grande, tenía un regalo para su abuela. Mi hijo del medio, Clive, viendo esto, dejó a un lado el regalo que había recibido y se fue arriba a su cuarto, y volvió un par de minutos después con un libro (que de hecho le había regalado su abuela en otro momento). Viendo esta escena podía ver el dolor en la cara de mi hijo: él desesperadamente quería regalarle el libro a su abuela, pero también amaba este libro que ella se le había regalado y no quería deshacerse de él. Ella notó su indecisión y se puso de rodillas junto a él, lo abrazo y le dijo: "¡Gracias por el regalo Clive! Pero no quiero que estés sin este libro cuando yo me vaya a casa. ¿Podemos dejarlo acá en tu casa para que cuando yo esté acá contigo, podemos leerlo juntos?"

De hecho, *este* tipo de cambio es el que Dios intenta en nosotros. Acercarnos a la belleza de Dios es tener nuestras vidas tan consumidos en ese momento de regalar que perdemos sentido de donde empieza el dar y el recibir del regalo. Acercarnos y transformarnos en uno con la Trinidad cuya vida es deleite perfecto, somos trasladados a una nueva esfera de existencia, volviéndonos, en maneras que nunca nos hubiéramos atrevido a imagniar, verdaderamente nosotros mismos.

4

Practicando la ausencia de Dios

"Tú, Dios y Salvador de Israel,
eres un Dios que se oculta."

Isaías 45:15

"Y le dije a mi alma, quiétate, y deja que lo oscuro
te envuelva, que será la oscuridad de Dios."

T.S. Eliot

Hablamos—quizás demasiado—de la presencia de Dios. Por lo menos, hablamos sin tomar peso de la cuestión. Hablamos como si esa presencia viene y va de acuerdo con cuan intensamente deseamos la presencia de Dios en nuestras vidas. Hablamos como si la presencia de Dios es algo simplemente para ser disfrutado. Todas estas suposiciones traicionan de mil maneras nuestro hablar y accionar acerca de lo divino y necesita ser desafiado.

Primero, la presencia de Dios no va y viene. Ciertamente mucho menos en respuesta a nuestro desear por Dios. Nuestro Dios está más cerca de nosotros que nosotros mismos, más cercano a nuestra conciencia, más cercano que nuestro mismo ser. En las palabras de Nicolás Cabasilas, Dios es "más parte de nosotros que nuestras extremidades, más necesario a nosotros mismos que nuestro propio corazón." Todos podemos cantar, como San Agustín, en la realidad que Dios está con y dentro de nosotros aunque nosotros no estemos en él. Nosotros somos lo que vienen y van de su presencia.

Por supuesto, a veces nos encontramos deseosos de Dios, buscando a Dios. Pero en realidad no es que podemos conocer a Dios, pero que somos conocidos por Dios. Y nuestro conocimiento por Dios está siempre previo a nuestro conocer de Dios. Nuestra búsqueda de Dios es un regalo. Como dice Aslan a Jill en el libro de C.S. Lewis *La Silla de Plata,* "No me hubieras llamado sino fuese que yo ya te estaba llamando a ti."

***

Segundo, nuestros deseos por Dios no son siempre puros. De hecho, nunca lo son aun con las mejores de intenciones. Deben ser redimidos, purificados, corregidos, reconstituidos, y sanados. T.S. Eliot, en su poema *East Coker,* lo dice bien, yo creo:

> Quédate inmóvil, dije a mi alma,
> Y espera sin esperanza.
> Porque la esperanza sería esperanza
> En lo que no debe esperarse;
> Espera sin amor
> Porque el amor sería amor
> A lo que no se debe amar.
> Sin embargo, queda la fe.
> Pero la fe, el amor y la esperanza
> Radican en la espera.
> Espera sin el pensamiento,
> Aún no estás dispuesta para él.
> Así, las tinieblas serán la luz
> Y la inmovilidad será la danza.

Eliot puede esperar de esta manera solo porque ya ha aceptado las tinieblas que vienen porque son la "oscuridad de Dios," una oscuridad que es como el oscurecimiento de las luces en un teatro para que puedan cambiar de escena. Seguramente, eso es porque Dios deja que venga la oscuridad, y nos lleva a la "noche oscura del alma" (Juan De la Cruz). Solo ahí mismo Dios puede efectuar el cambio necesario en nosotros para movernos de la falsedad a la verdad, del egoísmo a la caridad.

Podemos confiar en Dios que con el tiempo él va a efectuar el cambio necesario en nosotros. El doctor nos sanará. El maestro nos enseñará. Pero tenemos que estar preparados para el malestar de la curación y el entrenamiento. Como nos advierte Rowan Williams, "Si genuinamente deseamos una unión con el amor innombrable de Dios, entonces tenemos que estar preparados para tener a nuestro mundo 'religioso' destruido." Dios se pondrá en contra de nosotros para nuestro bien. Dios es nuestro amigo, y como prometen las escrituras, ". . . confiable es el amigo que hiere . . ." (Proverbios 27:6).

¿Cómo es que Dios destruye nuestras ilusiones? En mostrarnos, una y otra vez, que la imagen de Cristo es una de crucifixión. En mostrarnos la belleza de aquel que no es deseado por ningún estándar humano. En la capacidad en la que con "rostro descubierto" (2 Corintios 3:18) podemos contemplar *esa* imagen—es en la cara del forrajero, en la cara del enemigo, y la cara del prójimo—que lentamente vamos transformándonos de gloria en gloria en la similitud de Cristo.

***

Tercero, la presencia de Dios no es algo simplemente para ser disfrutado. La presencia de Dios es gloriosa—pesada y difícil de llevar. El profeta dijo, ". . . tu mano pesaba sobre mí." (Salmos 32:4) Si como David, oramos que Dios no se quite su Santo Espíritu (Salmos 51:11), no es por que disfrutamos lo que nos trae el Espíritu. Mucho de lo que nos trae es agrio y difícil de beber. ¿Cómo es posible disfrutar de amar a nuestros enemigos, de dar la otra mejilla a los que nos lastiman, de ir la otra milla para los que se aprovechan de nosotros?

J.H. King era un misionero y eclesiástico Pentecostal, que tomaba de la historia de Ismael e Isaac para mostrar como Dios requiere que nosotros debemos entregar no solamente lo que nunca debía estar en nuestras vidas sino también todo lo que está en nuestras vidas solamente gracias a la bondad de Dios. Nuestra experiencia de Dios debe ser crucificada, King dice, porque ahí es donde encontraremos "éxtasis del gozo," la "paz del cielo" tan dulce que empezaremos a sentir esta experiencia como esencial para la vida en fe. Pero, ". . . llegaremos al momento en que Dios nos llevará lejos de estos momentos de éxtasis . . . y a causa de esto nos hundiremos más profundamente en Dios."

Como dice King, muchos de nosotros a menudo simplemente queremos olvidar nuestras responsabilidades para con nuestros prójimos y tirarnos a la hermosura que es la experiencia de Dios. Maestro Eckhart, el teólogo Alemán de la edad media, reconoce esta dinámica en la devoción de María a Jesús y las quejas de Marta acerca de su hermana en Lucas 10:38–42.

> Marta tenía miedo de que su hermana se mantendría en la consolación y la dulzura, y deseaba que su hermana volviera a ser como ella. Por eso Cristo le dice, "Ha escogido lo mejor," como si diciéndole, "Alégrate Marta; esto se va a terminar. La cosa más sublime que puede pasar a una criatura le pasará a ella: Que será tan feliz como tú."

María aprendió en su escuchar a las enseñanzas de Jesús. Pero *qué* aprendió ese día fue cómo vivir en una postura de oración en el mundo, en el cotidiano de la vida misma. Y eso, Eckhart dice, es como los santos se convierten en santos: ellos aprenden a servir a sus prójimos con una postura de oración, en lugar de alejarse del prójimo y meterse en oraciones y la experiencia de Dios.

María, como el discípulo dudoso Tomás, tenía que aprender como practicar la ausencia de Dios. Ella tenía que aprender, como lo hizo Tomás, que es más bienaventurado no ver. Ella tuvo que reconocer que la "presencia" que ella había conocido no era nada en comparación a la "ausencia" que iba a experimentar, una ausencia creada para que viera que no iba *estar* con Cristo sino *en*

Cristo. Antes de este momento, Jesús solo era un cuerpo en una habitación, una persona más en su vida. Después de este momento, María iba reconocer a Jesús como la habitación misma, la casa del Padre, y como su hermana, Marta, que somos todos llamados no a disfrutar la presencia, sino ser la presencia de Cristo en las vidas de otros.

***

Job en la Biblia se queja que en todos lugares. Dios se mantiene escondido de Job: "Si me dirijo hacia el este, no está allí; si me encamino al oeste, no lo encuentro. Si está ocupado en el norte, no lo veo; si se vuelve al sur, no alcanzo a percibirlo" (Job 23:8–9). Pero es en Pablo que aprendemos porque Dios no está donde lo queremos encontrar: "En fin, que conozcan ese amor que sobrepasa nuestro conocimiento, para que sean llenos de la plenitud de Dios" (Efesios 3:19). La verdad es que no podemos ubicar a Dios como el objeto de nuestra percepción por que habitamos la infinita dimensión del amor de Dios por nosotros. No solamente habitamos este lugar—sino que Dios nos abre a las posibilidades de la llenura de Dios para que seamos el lugar donde la presencia de Dios puede habitar el mundo. Dios quizás se esconde de nosotros, pero debido a que Dios está en la presencia de nuestro prójimo nos entrelazamos con Dios y el prójimo. Como dice Bonhoeffer, "El Cristiano obtiene su verdadera naturaleza cuando Dios no se enfrenta con él como 'Otro' sino que 'entra en' él como 'Yo.' La ausencia de Dios no es nada más que Dios siendo presente en y a través de nosotros para los que más necesitan de Dios."

5

Bienaventurados aquellos quienes no ven

"El diablo deslumbra, Cristo no."

Miroslav Volf

"... dichosos los que no han visto y sin embargo creen."

Juan 20:29

Todo se puede entender en como percibimos e interpretamos al mundo. Todo depende de cómo somos capaces de mirar—y de no ver. Trágicamente, en general no hemos desarrollado la sabiduría, la capacidad, y el carácter necesarios para discernimiento fiel y el buen juicio. No hemos sido entrenados a ver y no-ver como Cristo mismo hace. Más aun, hemos entrado en una realidad estupefacta por las preocupaciones de la vida, los ataques del enemigo, y nuestro orgullo en nuestros méritos morales o religiosos de tal forma que nos volvemos más y más insensibles a la realidad del Espíritu Santo e hipersensibles a las realidades del espíritu de este mundo. Y esto resulta en el riesgo de depender demasiado de nuestro propio entendimiento mientras que asumimos que estamos confiando en Dios.

San Juan en su evangelio entrelaza las temáticas de ver/no-ver desde el principio al final de su historia. El evangelio está enmarcado en las historias de Moisés y Tomás, insistiendo que nadie ha visto a Dios—ni siquiera Moisés que en las escrituras sabemos estuvo presente a la gloria de Dios (Juan 1:17–18)—y después terminando con el mensaje que es más dichoso no ver y creer (Juan 20:29).

Quizás la historia más emblemática de esta relación entre ver/no-ver en el evangelio es la escena en Juan 9 del hombre que nació ciego. La historia hace énfasis en el marco interpretativo de los personajes en la historia, las convicciones ocultas que predeterminan lo que pueden y no pueden ver en el uno y el otro y en Cristo. Podemos leer esta historia paradigmáticamente, ayudándonos a poner nuestra visión moral y nuestra capacidad de discernir la verdad a prueba.

A su paso, Jesús vio a un hombre que era ciego de nacimiento. Y sus discípulos preguntaron:—Rabí, para que este hombre haya nacido ciego, ¿quién pecó, él o sus padres?—No está así debido a sus pecados ni a los de sus padres—respondió Jesús—, sino que esto sucedió para que la obra de Dios se hiciera evidente en su vida. Mientras sea de día, tenemos que llevar a cabo la obra del que me envió. Viene la noche cuando nadie puede trabajar. Mientras esté yo en el mundo, luz soy del mundo. Dicho esto, escupió en el suelo, hizo barro con la saliva y se lo untó en los ojos al ciego, diciéndole:—Ve y lávate en el estanque de Siloé (que significa "Enviado"). El ciego fue y se lavó, entonces al volver ya veía. Sus vecinos y los que lo habían visto pedir limosna decían: «¿No es este el que se sienta a mendigar?». Unos aseguraban: «Sí, es él». Otros decían: «No es él, sino que se le parece». Pero él insistía: «Soy yo».—¿Cómo entonces se te han abierto los ojos?—le preguntaron. Y él respondió:—Ese hombre que se llama Jesús hizo un poco de barro, me lo untó en los ojos y me dijo: "Ve y lávate en Siloé". Así que fui, me lavé y entonces pude ver.—¿Y dónde está ese hombre?—le preguntaron.—No lo sé—respondió. Llevaron ante los fariseos al que había sido ciego. Era sábado cuando Jesús hizo el barro y le abrió los ojos al ciego. Por eso los fariseos, a su vez, le preguntaron cómo había recibido la vista.—Me untó barro en los ojos, me lavé y ahora veo—respondió. Algunos de los fariseos comentaban: «Ese hombre no viene de parte de Dios, porque no respeta el sábado». Otros objetaban: «¿Cómo puede un pecador hacer semejantes señales?». Y había desacuerdo entre ellos. Por eso interrogaron de nuevo al ciego:—¿Y qué opinas tú de él? Fue a ti a quien te abrió los ojos.—Yo digo que es profeta—contestó.

El milagro de Jesús, más allá de lo asombroso y espectacular que es, no convence a nadie de que Jesús es el Mesías. De hecho, no podía convencer a nadie porque no fue interpretado a la luz de la fe. De esta manera, los discípulos terminan siendo tan ciegos a esta verdad como lo son los fariseos en la historia. Los discípulos no pueden ver a Jesús en su gloria porque ellos sospechan que el hombre pecó y había sido cegado por Dios por sus pecados. Los fariseos no pueden ver a Jesús en su gloria porque sospechan que sanó al hombre a través de algún poder dudoso. Hasta el hombre ciego, después de ser sanado, sigue sin saber quién es Jesús y que exactamente le pasó. Él no sabe más que la gente a su alrededor y todos están en un estado de confusión. Acorde a esto, el no hace ninguna declaración de fe. Solo repite los hechos de la situación, "Era ciego y ahora veo." Cuando finalmente es forzado a dar su opinión, el solo dice que Jesús es un profeta.

> Pero los judíos no creían que el hombre hubiera sido ciego y ahora viera. Entonces llamaron a sus padres y les preguntaron:—¿Es este su hijo, el que dicen ustedes que nació ciego? ¿Cómo es que ahora puede ver?— Sabemos que este es nuestro hijo—contestaron los padres—, y sabemos también que nació ciego. Lo que no sabemos es cómo ahora puede ver ni quién le abrió los ojos. Pregúntenselo a él, que ya es mayor de edad y puede responder por sí mismo. Sus padres contestaron así por miedo a los judíos, pues ya estos habían convenido que se expulsara de la sinagoga a todo el que reconociera que Jesús era el Cristo. Por eso dijeron sus padres: «Pregúntenselo a él, que ya es mayor de edad». Por segunda vez llamaron los judíos al que había sido ciego y le dijeron:—¡Da gloria a Dios! A nosotros nos

consta que ese hombre es pecador.—Si es pecador, no lo sé—respondió el hombre—. Lo único que sé es que yo era ciego y ahora veo. Pero ellos le insistieron:—¿Qué te hizo? ¿Cómo te abrió los ojos? Él respondió:—Ya les dije y no me hicieron caso. ¿Por qué quieren oírlo de nuevo? ¿Es que también ustedes quieren hacerse sus discípulos? Entonces lo insultaron y dijeron:—¡Discípulo de ese lo serás tú! ¡Nosotros somos discípulos de Moisés! Y sabemos que a Moisés le habló Dios; pero de este no sabemos ni de dónde salió.—¡Allí está lo sorprendente!—respondió el hombre—: que ustedes no sepan de dónde salió y que a mí me haya abierto los ojos. Sabemos que Dios no escucha a los pecadores, pero sí a los piadosos y a quienes hacen su voluntad. Jamás se ha sabido que alguien le haya abierto los ojos a uno que nació ciego. Si este hombre no viniera de parte de Dios, no podría hacer nada. Ellos replicaron:—Tú, que naciste sumido en pecado, ¿vas a darnos lecciones? Y lo expulsaron. Jesús se enteró de que habían expulsado a aquel hombre y al encontrarlo le preguntó:—¿Crees en el Hijo del hombre? Él respondió:—¿Quién es, Señor? Dímelo, para que crea en él.—Pues ya lo has visto—contestó Jesús—; es el que está hablando contigo.—Creo, Señor—declaró el hombre. Y postrado lo adoró. Entonces Jesús dijo:—Yo he venido a este mundo para hacer justicia, para que los ciegos vean y los que ven se queden ciegos. Algunos fariseos que estaban con él, al oírlo hablar así, le preguntaron:—¿Qué? ¿Acaso también nosotros somos ciegos? Jesús les contestó:—Si fueran ciegos, no serían culpables de pecado, pero como afirman que ven, su pecado permanece.

***

¿Qué aprendemos que esta historia? Aprendemos que Cristo abre los ojos de los ciegos, y hace esto simplemente porque el desea lo mejor para nosotros y no como recompensa de nuestra fe o fidelidad. Aprendemos que su manera de sanarnos a veces es extraña, hasta raro, por lo menos en comparación de lo que hemos llegado a conocer como normal. Aprendemos que nuestra ceguera no es el resultado de nuestros errores, sino resultado de una condición en la cual hemos sido lanzados desde el nacimiento, no solo somos pecadores, pero más profundamente a esto y primeramente, hemos pecado contra Dios y el prójimo. Aprendemos que podemos ser auténticamente honestos como el hombre ciego, aceptando sin pretensiones el hecho de que no sabemos ni comprendemos mucho, nunca diciendo creer más de lo que de hecho creemos. Lo que nos hace testigos fidedignos no son nuestras habilidades ni nuestra certeza, sino nuestro constante reconocimiento de nuestro imperfecto conocimiento de lo que Dios está haciendo y la confianza constante que somos conocidos y amados aunque somos ignorantes e infieles. San Pablo lo pone de esta forma, "El que cree que sabe algo, todavía no sabe cómo debiera saber. Pero el que ama a Dios es conocido por él" (1 Corintios 8:2–3). Finalmente, aprendemos que no solamente debemos tener nuestros ojos abiertos para que podamos ver la gloria de Dios, pero también que necesitamos aprender a no ver las ilusiones vanagloriosas del mundo. La visión que nos da Cristo es *tanto* iluminante *y* a su vez oscurece.

Un himno nos promete que si movemos nuestra mirada a Jesús, "las cosas de este mundo/ se volverán difusos/ en la luz de su gloria y gracia." A primera mirada, el mensaje parece equivocado. Seguramente podríamos decir que es en la luz de la gloria de Cristo que nuestros ojos son *abiertos* a la realidad, no cerrados a ella. Como dicen las escrituras, en su luz vemos la luz. Solo en Cristo podemos tener la capacidad de ver a Dios y al prójimo como en verdad son. Y aun así, hay una verdad en el mensaje de esta canción. La gloria de Dios en la cara de Jesucristo *si* nos hace ciego—a las no-realidades de este mundo, a las mentiras que nos han contado y nos contamos a nosotros mismo, a las fantasías que nuestro enemigo usa para destruirnos. En Cristo, nos cerramos a los estereotipos racistas y los estándares obtusos de belleza que oprimen a nuestras hermanas, madres, esposas e hijas. En Cristo, nos encontramos mirando hacia la plenitud de Dios y del prójimo, y lejos del poder vacío de este mundo y de la ambición egoísta. Iluminados por su amor, nos rehusamos a creer en las fronteras marcadas por los poderes políticos como la última autoridad en el cuidado de refugiados e inmigrantes. En tiempos de guerra, esta visión de Cristo nos ayuda a rechazar los sentimientos patrióticos falsos que dan lugar al odio por el enemigo, quien es nuestro prójimo.

***

Rowan William hace el caso que lo que les otorga a los santos su santidad es su apertura para ser juzgados, su "disposición para ser cuestionados, juzgados, desnudados, y dejados sin palabras por lo que está en el centro de su vida de fe." Ser santo, en otras palabras, es ser completamente cegado por la verdad. Y esto es porque comparten con Jesús una ceguera producida del amor. En la poesía de Isaías en 42:18–20,

> Sordos, ¡escuchen!
> Ciegos, ¡fíjense bien!
> ¿Quién es más ciego que mi siervo
> y más sordo que mi mensajero?
> ¿Quién es más ciego que mi enviado
> y más ciego que el siervo del Señor?
> Tú has visto muchas cosas, pero no las has captado;
> tienes abiertos los oídos, pero no oyes nada.

Los evangelios lo hacen muy claro: Jesús vio a las personas en la plenitud de su humanidad. El no veía a los "pobres"; el vio a un hombre pobre en particular; el no veía a las "viudas y huérfanos"; el veía a una viuda particular, y a un huérfano particular. De esta misma manera, podemos amarnos los unos a los otros con el amor de Cristo solo si nosotros también somos ciegos a las "etiquetas" que usamos para definir a las personas. No tenemos que ver a los "enfermos" o al "oprimido" o al "marginalizado" pero a personas específicas sufriendo de maneras particulares. Tenemos que llegar a acompañarlos y ser para ellos la providencia de Dios. Debemos mirarlos y verlos como Dios los ve en su forma verdadera—nada más ni nada menos. Después de todo, esta es la manera en que somos conocidos nosotros por Dios. En reconocer esto, reconocemos lo que significa ser dichosos porque no vemos.

6

Dios no está en control

> ". . . yo soy Dios, afirma el SEÑOR. Desde los tiempos antiguos, yo soy. No hay quien pueda librar de mi mano. Lo que yo hago, nadie puede desbaratarlo."
>
> ISAÍAS 43:12–13

> "Yo soy el Señor y no hay otro; fuera de mí no hay ningún Dios."
>
> ISAÍAS 45:5

Quiero empezar este capítulo con una defensa del diablo. Ya sé que es raro empezar con esto, pero es fácil subestimar cuan expértamente engañoso es. Solo en la victoria de Jesús sobre el diablo entendemos sus trampas por lo que son en realidad. Lo que encontramos en la historia de la tentación de Cristo es que Satanás no nos tienta a no creer sino creer infielmente. Una y otra vez, el diablo tienta a Jesús usando la palabra de Dios contra él, a aferrarse a las verdades de Dios en una forma falsa. Y lo mismo se aplica a nosotros con nuestras tentaciones: Satanás quiere que tomemos las promesas de Dios para fines que no fueron intencionados, para que nos confundamos acerca de lo que tenemos que esperar y no esperar de Dios.

Quizás es ahí donde nos encontramos habitualmente: creyendo fervorosamente—pero no entendiendo las palabras de Dios. Confiamos en Dios como nuestro proveedor, pero dependemos de nuestro sentido de necesidad. Confiamos en Dios como sanador, pero nosotros asumimos entender qué es la salud. Confiamos en Dios como liberador y protector, pero queremos ser librados a base de nuestros términos y expectativas de cuando tiene que ser. En esta manera y de mil otras maneras, estamos agobiados por las falsas expectativas y los malos deseos, esperando que Dios haga lo que Dios no va a hacer—por lo menos no de la manera que nosotros esperamos que sea. Y es así que vivimos constántemente en la frustración y en el desamino, no porque Dios no sea fiel sino porque nuestras esperanzas de Dios son claramente perversas. Hemos convertido el pan que Dios nos otorga en piedras de la desconfianza en lo divino.

¿Qué tenemos que hacer entonces? ¿Cómo corregimos nuestras expectativas de Dios? Debemos contemplar al Dios de la vida en su revelación en Cristo. Es en esa contemplación que léntamente nuestra imaginación empieza a convertirse, para librarnos de nuestras ilusiones que nos ciegan y de nuestras pasiones que nos esclavizan.

De múltiples maneras, nuestro crecimiento hacia un entendimiento maduro de la verdad comienza con reconocer que Dios no tiene control de lo que pasa en el mundo, y que toda nuestra experiencia del mundo es una realización incompleta de la voluntad de Dios por nosotros. Quizás queremos pensar que Dios está en control debido a nuestras propias fantasías por el control o nuestra ansiedad de ser controlados. Sin embargo, tenemos que llegar al conocimiento del hecho de que Dios no está en control—aun nosotros confesando que Dios es soberano.

***

Decir que Dios es soberano significa que Dios no depende de lo que pase en el mundo, no sufre cambio como todo lo creado experimenta, y no está en rivalidad con, mucho menos bajo el control de, ningún otro poder. Dios no puede ser sorprendido. Dios es Dios y todo lo que existe lo hace solo por medio de la dependencia radical a la soberanía de Dios.

Pero la soberanía de Dios es algo mucho más allá de lo que pudiéramos imaginar como control. Control hace que las cosas actúen en una manera falsa a sí mismas. Viola, sobrelleva, obliga y domina. El control saca de la ecuación la libertad, y hace que alguien o algo vaya en contra de su voluntad y naturaleza. Dios en su capacidad de creador no opera de esta forma y no exhibe este tipo de violencia. Dios le da a la creación libertad e integridad. Decir que Dios es soberano es decir que Dios no necesita controlar para hacer su voluntad. Dios no tiene que destruir la libertad para expresar su voluntad; no tiene que subyugar para hacer saber de su soberanía. Este tipo de acción iría en contra de la manera en que Dios exhibe su poderío y soberanía, porque Dios libera y realiza. Los humanos quieren dominar, pero Dios reina. Y ese reinar es absolutamente idéntico al amor de Dios.

Hace poco escuché un sermón en donde Dios actúa como los ingenieros que trabajan en Disney, donde desde una central de comando bajo tierra, controlan y monitorean todo lo que está pasando para que todos tengan la mejor experiencia posible. Pero eso no tiene nada de verdad en lo que aplica a Dios y nuestras vidas. Dios no habita en algún espacio remoto, observando todo lo que nos pasa y actuando de formas que aseguran una vida fácil y fuera de peligro. Dios no es una mente que observa, sino es un espíritu que actúa e interactúa con sus creaciones. Pero esa interacción ocurre con el tiempo (y sobre el tiempo) en maneras en que no podemos imaginar o anticipar.

Martin Lutero dijo que a base de nuestra experiencia del mundo, podríamos concluir que Dios o no existe o es malvado. Pero es por la fe que podemos ver más que nuestra experiencia del mundo: Vemos a Dios y escuchamos sus promesas para ver que todos los males se corregirán. Hasta el fin, cuando la voluntad de Dios sea completada, necesitamos mantener una distinción entre lo que pasa y lo Dios está haciendo, confiando que nada ocurre fuera de la voluntad de Dios, pero que no todo pasa debido a la voluntad misma de Dios. Y para decirlo de otra forma, todo lo que ocurre, ocurre *dentro* de la voluntad de Dios pero no todo *por* la voluntad de Dios. Aún más, nada de lo que ocurre es la plenitud de la voluntad de Dios. Todo lo que pasa, entonces, y todo lo que hace Dios, nos deja con la esperanza de la plenitud de la acción de Dios, y por eso oramos, aún después del accionar de Dios: "Hágase tu voluntad en la tierra como en el cielo" (Mateo 6:10). Seguiremos orando esta oración hasta el fin de los tiempos, en donde Dios finalmente contestará esta oración.

En 1993, mientras viajaba por Sudán, el periodista Kevin Carter sacó una foto de una nena a punto de morir de hambre con un buitre cerca esperando que se muera.

¿Qué podemos decir de este momento? ¿Qué tiene que ver con la voluntad de Dios? ¿Qué tiene que ver con todos los momentos trágicos, injustos, y de maldad que ocurren en el mundo? ¿Por qué Dios no interviene para salvar a esta nena? ¿O salvar a los otros miles de niños que se murieron durante esta hambruna? Si Dios puede parar esto, ¿por qué no lo hace? Y si Dios no puede pararlo, ¿qué significa cuando estamos pensando en la soberanía de Dios? No es necesario decir que Dios "tenía un plan" en el cual la muerte de esa niña jugaba un papel. Y no es necesario decir que Dios no podía hacer nada, ni siquiera por sus autolimitaciones: Dios no tiene que ser menos Dios para que su creación sea plena. En vez, es mejor pensar que esta muerte sucedió no como *la* voluntad de Dios, sino dentro la expansiva voluntad de Dios. Aunque es difícil para nosotros imaginarlo, ese momento, como todos los momentos, queda abierto a la voluntad de Dios—Dios ahora mismo está activo ahí y ahora, en un tiempo cerrado a nosotros en el pasado. Por eso nos toca aguantar pacientemente hasta que la voluntad de Dios finalmente sea plena. Y cuando su voluntad se cumple, veremos que Dios es bueno, y que ni en la muerte podemos estar separados del amor de Dios.

Este es el corazón de la esperanza que tenemos: hasta el fin de los tiempos, Dios no hace todo lo que Dios quiere hacer. Por eso oramos que la voluntad de Dios se cumpla en la tierra como en el cielo. Pero ahora vivimos en el momento difícil entre lo que Dios hizo y lo que va a hacer. "*Ahora* vemos de manera indirecta y velada, como en un espejo; *pero entonces* veremos cara a cara" (1 Corintios 13:12). Es por esta razón misma que los primeros cristianos oraban, "Ven pronto, Señor Jesús." Es el clamor de nuestros corazones que Dios termine lo que ha comenzado. Y así para esta pequeña nena, a quien desconocemos de su nombre, oramos que la voluntad de Dios se haga en la tierra como en el cielo, y esperamos expectantes, confiando que esto pase en el final.

***

En la historia, la acción de Dios no ha sido completa—excepto en la vida de Jesús de Nazaret. En Jesús, hemos visto algo que no se ha visto en otros lugares para otros. Como dice el escritor de Hebreos: "Si Dios puso bajo él todas las cosas, entonces no hay nada que no esté bajo su dominio. Ahora bien, es cierto que todavía no vemos que todo esté sometido a él. Sin embargo, *vemos a Jesús . . .*" (Hebreos 2:8-9a). Es decir, no vemos a los seres humanos en su lugar legítimo y prometido. No vemos al mundo en su forma correcta. Pero nuestra esperanza está en lo que ya ha pasado y ocurrido en Jesús, que es verdad para el cómo el Ultimo Adán y cabeza de la creación, y será verdadero para nosotros en el final. Creemos que Dios ya ha hecho todo lo que Dios puede hacer para Jesús, pero no para nosotros—por eso vivimos por la fe y no por vista.

Al principio, esto puede parecer todo menos las buenas nuevas. Pero cualquier cosa que nos pase, lo que pueda suceder en nuestra experiencia, tanto lo bueno como lo malo, lo fortuito o desastroso, podemos saber que Dios no ha terminado de ser Dios todavía, que no ha terminado lo que eternamente ha deseado hacer, y cuando la voluntad de Dios sea final y completamente hecha, todo se hará bien. Hasta ese instante, tenemos que evitar tanto la ingenuidad como la desesperación. Tenemos que resistir la tentación de desconfiar de la bondad de Dios, y tenemos que activamente rehusarnos a confiar en las experiencias del mundo. Cuando Dios es el todo del todo, todos conocerán lo que nosotros como cristianos vemos no por la vista sino por la fe. Mientras tanto, tenemos que mantenernos fieles, esperanzados aunque falte esperanza en un Dios con quien todo es posible y en quien todas las cosas no solamente tienen su principio sino su final hermoso y gozoso.

7

La muerte de Cristo vive en nosotros

"Así que la muerte actúa en nosotros y en ustedes la vida."

2 CORINTIOS 4:12

"Cuando Cristo nos llama, nos invita a seguirlo y morir."

DIETRICH BONHOEFFER

La Cuaresma siempre viene en el momento correcto: justo cuando nos estamos emborrachando de la cotidianidad de las preocupaciones diarias, ebrios en nuestras mentes del sin fin de estrés diario. Cada año, necesitamos entrar a una nueva sobriedad, tiempo para clarificar nuestras mentes y fortalecer nuestros pies que nos soportan. Dado el estado al cual nos deja nuestra rutina, necesitamos tiempo para experimentar lo imaginable que es el shock del Viernes Santo, y la aun mayor sorpresa del Domingo de Resurrección. Maravillosamente, este es el tiempo que la iglesia nos ha dado en el calendario durante la Cuaresma.

Durante este periodo de cuarenta días, tenemos la oportunidad de encontrarnos. Con cualquier medida de fe que se nos ha dado, tenemos la oportunidad de prepararnos para lo que se viene. Tenemos la oportunidad de darnos, con energías y seriedad renovadas, al ayuno y a la caridad, a la negación propia y al sacrificio. Tenemos la oportunidad de hacer lugar para Dios en el centro de nuestras vidas, tanto por lo que dejamos de hacer y por lo que decidimos dar al prójimo.

En la Cuaresma, no solamente ayunamos comidas, lujos diarios, y entretenimiento superficial. (El propósito no es hacer esto para mejorarnos o por nuestra salud; el ayuno es más amplio.) Como los primeros Cristianos han hecho desde el principio, tenemos que ayunar de palabras y charlas inútiles, de pensamientos de desdén y de desconfianza, de sentimientos de enojo y amargura. Tenemos que ayunar de juicios sobre nosotros y los demos. Debemos ofrecer cualquier odio-propio a Dios. Debemos ofrecer nuestra impaciencia con nuestros hijos e hijas. Debemos ofrecer como ayuno el miedo a los extranjeros y el odio para nuestros enemigos. Debemos ofrecer comida al hambriento, bebida al que tiene sed, ropa al desnudo, y albergue al sin casa. Tenemos que visitar al enfermo y al encarcelado. Debemos enterrar a los muertos con dignidad. Ofrecer instrucción al ignorante, consejo al que dude, confort y alivio al que sufre, y corrección a los que están en error. Tenemos que perdonar a los que nos han hecho daño, y amar a los que nos causan problemas o nos frustran. Tenemos que orar por todas las personas y todas las cosas.

***

Despúes de su bautismo y antes de su tentación en el desierto, Jesús ayunó por cuarenta días. El ayunó de esta forma no para proveer un ejemplo para nosotros, sino para que nuestro ayuno pueda obrar algo bueno y nuevo en nosotros. Jesús ayunó para que nuestros ayunos no sean meramente religiosos. Cuando vivimos la Cuaresma en el espíritu en que Jesús ayunó, podemos encontrarnos poniendo nuestras manos en necesidades reales y no imaginarias, y en contacto con nuestra absoluta necesidad. Nos encontramos a nosotros mismos con una conciencia mayor para el prójimo y sus necesidades, necesidades que—nos damos cuenta—son simplemente más grandes que las nuestras.

La espiritualidad que emerge de la Cuaresma, podríamos decir, es un estado y sentimiento de contemplación. Es un estado de ánimo pesado, pintado con colores oscuros. Pero en la gracia, la Cuaresma nos hace recordar que somos *criaturas*, que nuestras vidas no nos pertenecen, y nos lleva a un tipo de oración que esta realización hace posible. La verdad es que solo existimos porque Dios nos llama y sostiene toda la existencia. Como dicen las escrituras, "puesto que en él vivimos, nos movemos y existimos" (Hechos 17:28). Como el teólogo Robert Jenson dijo, por alguna razón y contra todo tipo de posibilidad, si Dios decidiera ahora que no somos meritosos de su sustento, inmediatamente dejaríamos de existir. Y aún más grave, no hubiéramos existido nunca.

Debido a la gracia, en Cuaresma somos hechos conscientes de que somos criaturas que están en condición de *morir*, que no somos nada más que polvo—extrañamente animados y pensantes, pero siempre siendo polvo y nada más que eso. Es en el Miércoles de Cenizas, que como dice la poeta Cheryl Lawrie que, "nuestros egos y estima son levantados a ser reflejados en el espejo brutal de la finitud." Lawrie nos llama a entrar a la realidad de que cuando recibimos la cruz de ceniza en nuestra frente, sufrimos el duro recordatorio que: "Recuerda que tu tiempo se terminara, el mundo continuará sin ti." O en las palabras de los libros de oración, "Porque polvo eres y al polvo volverás" (Genesis 3:19).

No es que debemos amistarnos con la muerte, pero sí tenemos que entrar al hecho de que no saldremos de la vida vivos. Un amigo cercano, Jason Goroncy, dice sabiamente:

> . . . la muerte puede ser, en algún sentido, el enemigo de la vida. Pero es un enemigo que, como la extraña promesa de la resurrección, parece ser entrelazado en la trama de la vida y el ministerio en el mundo de Dios. Y aunque a veces parezca ser un enemigo del cual huir, en otros momentos es el enemigo al cual debemos abrazar como la expresión de la última esperanza del amor.

Por gracia, la Cuaresma nos recuerda que somo criaturas *pecadoras*, que vamos a necesitar, una y otra vez, a lo largo de nuestras vidas ser perdonados y reconciliados con Dios. Es difícil, quizás imposible, escuchar esta verdad correctamente. A menudo escuchamos hablar del pecado como un juicio *moral*. Nos imaginamos que admitir que somos pecadores es una confesión de nuestro mal pensar, que hemos hecho las cosas mal. Pero eso no es la historia completa. El llamado de Dios no es solamente ser "morales" (de acuerdo con las normas de nuestra sociedad), sino que somos llamados a ser *santos* (como Dios es santo.) El pecado, entonces, no es solamente fallar en vivir vidas buenas y limpias, sino es la falta de vivir en voz alta la bondad de Dios en nuestras vidas para el bien de todos. El pecado es cualquier cosa que sofoca y frustra la plenitud del gozo en la vida de nuestros prójimos. El pecado es la falta de voluntad de tomar riesgos necesarios para amar a nuestros enemigos. El pecado es todo y cualquier cosa que es hecho sin amor, y todo y cualquier cosa que es hecho en desconfianza, y es todo y cualquier cosa que nos deja sin esperanza. San Pablo dice en Romanos, "Y todo lo que no se hace por convicción es pecado" (14:23)

Hace poco tuve un sueño en donde varios de mis amigos y yo, durante un culto, decidimos compartir nuestros mayores errores y faltas uno con el otro. Uno por uno, compartimos nuestra fealdad interior. Pero mientras compartíamos, tenía un sentimiento interior que algo estaba equivocado con lo que estábamos haciendo. Y en ese momento, escuché la voz del pastor pedirles a todos que oraran una bendición por mí. Este sueño me hizo darme cuenta que hay una diferencia monumental entre exponer nuestras faltas y confesar nuestros pecados.

Por supuesto, casi seguro no conocemos nuestras faltas como deberíamos. Pero sin duda, no conocemos nuestros *pecados* tan bien como pensamos conocerlos—en especial esos pecados que son los que más causan tristeza a Dios y los que mayor hieren a nuestros prójimos. Necesitamos que Dios nos revele estos pecados en su tiempo como nos sea útil y bueno. Como dice Stanley Hauerwas, solo el favor de Dios hace posible que conozcamos y reconozcamos a nuestros pecados. Saber que pecamos y como hemos pecado ya es el principio de la salvación.

La Cuaresma puede ser pesada y oscura, pero no tiene que ser un tiempo abismal o sin esperanza. Sobre todas las cosas, por la gracia, es un tiempo que nos hace reconocer que somos criaturas *amadas*. Y sin esa realidad, no podemos orar con fidelidad. La Cuaresma no se trata de nuestra condición de mortales y pecadores considerados por si solos. La Cuaresma es un tiempo en que nuestra mortalidad y pecaminosidad son asumidos por Cristo y transfigurados, tomados hacia la vida divina y hechos santos en la santidad de Dios. Dios preferiría no ser Dios, que ser Dios sin su creación. Es en Cristo, entonces, que Dios toma nuestra condición de seres creados, nuestra mortalidad, y nuestra pecaminosidad como suya. Es justo en esta condición de ser pecadores y creituras que estámos en un proceso de muerte, que somos amados. Y es precisament en esta condición de criaturas pecaminosas y mortales que somos, que somos llamdos en el Amado, Jesús, a disfrutar de Dios y trabajar junto a Dios para el bien del mundo.

***

Compartir en el trabajo de Dios significa vivir la muerte de Cristo y dejar que la muerte de Cristo viva en nosotros. Esta es la lección que nos enseña la Cuaresma, y lo que se hace posible en la contemplación. Esto mismo es una temática importante en las escrituras de San Pablo. Por ejemplo, podemos leer a Colosenses, "pues ustedes han muerto y su vida está escondida con Cristo en Dios" (3:3). O como dice en Romanos, "¿Acaso no saben ustedes que todos los que fuimos bautizados para unirnos con Cristo Jesús en realidad fuimos bautizados para participar en su muerte?" (6:3). En 2 Corintios 2:14–16, él expresa esta temática con una de sus imágenes más difíciles e inquietantes:

> Sin embargo, gracias a Dios que en Cristo siempre nos lleva triunfantes y, por medio de nosotros, esparce por todas partes la fragancia de su conocimiento. Porque para Dios nosotros somos el aroma de Cristo entre los

que se salvan y entre los que se pierden. Para estos somos olor de muerte que los lleva a la muerte; para aquellos, olor de vida que los lleva a la vida. ¿Y quién es competente para semejante tarea?

Aquí en esta imagen, Pablo parece tener en mente la idea del triunfo Romano—la procesión de celebración triunfante por la capital después de que un emperador o general haya ganado una gran victoria. En estos momentos, toda la ciudad se reuniría a celebrar, dando bienvenida al líder y a las tropas victoriosas con flores, incienso, coros, y danza. Las tropas estarían llevando todos los tesoros capturados, y también todos los prisioneros capturados. Estos derrotados y perdedores de la batalla ahora serian condenados a una vida de esclavitud o muerte. Chocantemente, Pablo se imagina a sí mismo y a todo su equipo ministerial como los *capturados de Dios*, hechos a caminar en la marcha triunfal ante el mundo, con el hedor de la muerte—la muerte de Cristo misma—sobre ellos, "el aroma de Cristo" siendo su única gloria. Pablo vuelve a esta imagen en 2 Corintios 4:8–12:

> Nos vemos atribulados en todo, pero no abatidos; perplejos, pero no desesperados; perseguidos, pero no abandonados; derribados, pero no destruidos. Dondequiera que vamos, siempre llevamos en nuestro cuerpo la muerte de Jesús, para que también su vida se manifieste en nuestro cuerpo. Pues a nosotros, los que vivimos, siempre se nos entrega a la muerte por causa de Jesús, para que también su vida se manifieste en nuestro cuerpo mortal. Así que la muerte actúa en nosotros y en ustedes la vida.

* * *

En el Miércoles de Cenizas, nos marcan la frente con cenizas en la forma de una cruz, significando que simultáneamente somos pecadores por quienes Cristo murió y santos que han muerto con Cristo. La cruz de cenizas es una inversión de la primera marca en las escrituras, la marca que Dios le puso a Caín. Después de matar a su hermano Abel en un estado de celos, Caín fue maldecido y clama a Dios en protesta (Génesis 4:13–16):

> Este castigo es más de lo que puedo soportar—dijo Caín al Señor—. Hoy me condenas al destierro y nunca más podré estar en tu presencia. Andaré por el mundo errante como un fugitivo y cualquiera que me encuentre me matará.—No, al contrario—respondió el Señor—, el que mate a Caín será castigado siete veces. Entonces el Señor puso una marca a Caín para que no lo matara cualquiera que lo encontrara. Así Caín se alejó de la presencia del Señor y se fue a vivir a la región llamada Nod, al este del Edén.

Nosotros continuamos viviendo en el mundo "este del Edén", un mundo en que hermano va en contra de hermano, padre en contra de sus hijos, extraños contra extraños, y prójimo contra prójimo—un mundo en un ciclo interminable de violencia y en un sistema inquebrantable de injusticia. Pero vivimos en este mismo mundo como el Cuerpo que una vez fue muerto, y ahora resucitado en Cristo. Caín huyó *de* la presencia de Dios, marcado por Dios para su protección. Nosotros, en cambio, nos vamos al mundo *como* la presencia de Dios, marcados en nuestros cuerpos y proclamando que ya hemos muerto.

La muerte de Cristo vive en nosotros; por eso, podemos, una y otra vez, en maneras conscientes y subconscientes, morir a nosotros mismos. Podemos morir a nuestras ambiciones. Podemos morir a nuestros juicios. Podemos morir a nuestros miedos. Podemos morir a nuestros prejuicios. Podemos morir a nuestros derechos. Podemos morir a nuestro sentido común. Lo milagroso de esto es que en morir a nosotros mismos, nos terminamos encontrando. Nos "hacemos vivos" justo en la experiencia de morir a nosotros mismos. "La muerte actúa en nosotros" con toda certeza. Estamos como dice San Pablo, ". . . los que vivimos, siempre se nos entrega a la muerte por causa de Jesús . . ." (2 Corintios 4:11). Y es así como esta vida está obrando en otros. Vivir en la muerte de Cristo nos pone en el abrazo íntimo de Dios, en casa en el centro del mismísimo corazón de Dios.

8

¿Qué pasa con aquellos a quienes Dios ama?

"Señor, tu amigo querido está enfermo."

JUAN 11:3

La historia de Jesús, diferente a otros eventos históricos, no solamente pasó como un momento más en la vida de los que estuvieron ahí. Debido a quién es Jesús, la historia de su vida continúa sucediendo en nosotros, envolviéndonos en su desarrollo en anticipación del final que llevará a la creación a su finalidad en Dios. Una historia en los Evangelios, como la historia de Lázaro siendo resucitado de los muertos, no solamente *informa* algo que Jesús hizo por un hombre y sus hermanas. Como lo cuenta Juan el Evangelista, la historia de Lázaro *actúa* para nosotros la venida de Jesús en el aqui-ahora. Cuando leemos con fe y esperanza, el mismo Jesús quien se presentó a los integrantes de esta historia también se *re-presenta* a nosotros mismos. Los amigos de Lázaro son nuestros amigos.

Los lectores de este Evangelio, desde Orígenes de Alejandría a nuestro presente, han notado que las historia en San Juan son parábalas maestras para la vida de fe. Hasta los detalles mínimos de cada historia, como la mujer que deja el balde de agua en el pozo o el hombre sanado que levanta su camilla, son misteriosamente cargados con significado. Lázaro, traído de nuevo a la vida, pero aun en sus ropas funerarias, nos ilustra para nosotros el conflicto de Romanos 8 entre "la carne" y "el Espíritu." Aunque seamos bautizados en la muerte de Cristo y llenos del Espíritu de su nueva creación, seguimos atados con las "vendas" de nuestra antigua humanidad en Adán. Después de que hayamos sido liberados de la esclavitud de Egipto, nos encontramos a nosotros mismos como esclavos de este mundo. Somos liberados de la muerte para vivir *con* Dios y *para* nuestros prójimos. No solamente somos salvados *del* uno con él otro, sino *para* y *con* el otro. Y por esto debemos constantemente tener nuestras mentes renovadas, nuestros corazones purificados, nuestras imaginaciones santificadas, y nuestro amor reordenado. Continuamente tenemos que convertirnos no solo hacia Cristo, sino también con Lázaro.

***

Juan Crisóstomo, escribiendo sobre la historia de Lázaro, observó, "muchos se ofenden cuando ven que los que complacen a Dios sufrien o que les pase algo terrible." Pero la realidad, es que los que son "queridos" por Dios no son más especiales o exentos del dolor de la vida que los que no creen en Dios. Y esto no es algo que ellos desearían. Igual, ahora como en esos tiempos, es una dura experiencia escuchar que alguien que amamos o alguien que conocemos que ama a Dios y es amado por Dios está enfermo. Inevitablemente nos encontramos preguntando alguna forma de la pregunta: ¿por qué un Dios todo poderoso y bueno permitiría el mal o el sufrimiento? Si es verdad que Dios nos ama, o como dice mi hijo de ocho años "que Dios tiene dentro de sí" la habilidad de guardarnos del dolor, ¿por qué dejaría que alguien sufra enfermedad o problemas? En corto, no hay ninguna buena respuesta para este tipo de pregunta. No podemos ofrecer ninguna teodicea adecuada, ninguna justificación justa para Dios. En vez, tenemos que vivir con lo que hemos recibido: la esperanza que cuando esté todo dicho y hecho, Dios se mostrará digno de nuestra confianza. Hasta ese momento, tenemos que orar y esperar. Podemos orar la oración de los *profetas*, "¿Hasta cuándo, Señor?" (Habacuc 1:2) o la oración de los *apóstoles*, "¡Ven, Señor Jesús!" (Apocalipsis 20:22). Sobre todo, oramos la oración de *Jesús*, "Hágase tu voluntad en la tierra como en el cielo" (Mateo 6:10).

Como en la historia del hombre ciego en Juan 9, así con la historia de Lázaro y su enfermedad terminal—y con todas las enfermedades y malestares en todos los tiempos y lugares: es "para la gloria de Dios." Pero esto *no* significa que Dios envía las enfermedades para que pueda sanarlas después. El obrar de Dios no necesita preparar un escenario o efectos dramáticos, y Dios nunca necesita depender de trucos en el *timing* para mostrar su poder. La enfermedad, malestar, o cualquier tipo de sufrimiento, es lo que sucede cuando el mundo está roto, un mundo en el cual Dios está dispuesto a que su voluntad *no* se haga, por lo menos no todo al mismo tiempo. Y es así precisamente en este tipo de mundo en que la voluntad de Dios puede trabajar en misericordia y redención. La gloria de Dios, entonces, solo se hace conocer en la circunstancia que haya una *necesidad* por misericordia y el *tiempo* para que la redención tome forma.

***

Decir que toda enfermedad es para la gloria de Dios no significa que Dios es glorificado por nuestra necesidad de Dios. No necesita de nuestra debilidad y fragilidad para mostrar su poder absoluto. Dios no necesita la oscuridad para que su luz sea más visible. Dios no necesita de *nada*, ni de nuestra necesidad de Dios. No podemos recordarnos suficiente de esta verdad: Dios no se mide en comparación a cualquier realidad creada, porque Dios, como creador, no compite con la realidad de la creación.

Finalmente, decir que toda enfermedad es para la gloria de Dios no significa tampoco que Dios es glorificado en el poder que muestra en atender a nuestra necesidad. No es que Dios tiene estas habilidades para mostrarse, poderes que tiene que demonstrar. Dios no es un vencedor sino "más que un vencedor"—pero aun así más allá que cualquier comparación y así más allá de cualquier conflicto. La fuerza divina no es lo opuesto a la debilidad humana, que sí es perfeccionada *en* la fragilidad humana. Por eso Jesús les dice a sus discípulos que se alegra por el bien de ellos de que Lázaro ha muerto: "Lázaro no duerme. Él está muerto. Y para el bien de ustedes, me alegro de que no estuve ahí para no dejar que muriera. Después de que lo levante de su sueño, o como ustedes piensan, después de que lo levante de la muerte—sus ojos serán abiertos a lo que antes no han notado." Como dice San Agustín, "Lázaro tiene que morir para que cuando sea levantado la fe de los discípulos se levante con él."

Una y otra vez, el evangelio de Juan nos confronta con malinterpretaciones irónicas. Aquí los discípulos—como el maestro del banquete de bodas (Juan 2), Nicodemo (Juan 3), la mujer en el pozo (Juan 4), el hombre nacido ciego (Juan 9), igual que los Fariseos y "judíos"—completamente no entienden las palabras y acciones de Jesús. Y aun así, maximizando la ironía, el *mal entendimiento* en cierta manera es más real que si hubieran *entendido* lo que hacía Jesús. Cuando ellos piensan que Lázaro solo está durmiendo, ellos no pueden entender por qué Jesús está preocupado por Lázaro. La incredulidad hacia la preocupación de Jesús se hace más interesante: "Señor—respondieron sus discípulos—, si duerme, es que va a recuperarse" (Juan 11:12). Pero cuando llegan, y se dan cuenta que de hecho Lázaro está muerto, entran en pánico. La fe de los discípulos está débil, y su miedo a la muerte tan fuerte, que están seguros de que ellos están yendo a su propia muerte en seguir a Jesús a Betania. Sus sentimientos se alejan de la verdad cuando su entendimiento se clarifica con los hechos.

Rowan William ha dicho, que en esta historia encontramos a Jesús en una especie de juicio. Marta y su hermana María lo confrontan con la misma protesta: "—Señor—dijo Marta a Jesús—, si hubieras estado aquí, mi hermano no habría muerto" (Juan 11:21). Los "Judíos" también están asombrados por que Jesús puede salvar a otros pero en este caso no pudo salvar a Lázaro, a quien aparentemente quería mucho. Sorprendentemente, Jesús no se defiende. Jesús no calla las preguntas que son lanzadas hacia él. Jesús simplemente pide que lo lleven a la tumba de Lázaro, "—¿Dónde lo han puesto?—preguntó.—Ven a verlo, Señor—le respondieron" (Juan 11:34). Esta respuesta de "ven a verlo" es una frase que nos hace acordarnos de otros lugares en los evangelios, inclusive la invitación de Jesús a los primeros discípulos (Juan 1:39), el llamado de Natanael a Felipe (Juan 1:46), y el llamado de la mujer Samaritana a la gente de la ciudad (Juan 4:29). Jesús los sigue a la tumba, mostrándonos que no solamente él nos "está preparando un lugar" (Juan 14:3), sino que él entra a nuestra realidad, por más oscuro y frio que sea. En esto, Jesús revela su sagrado corazón de divinidad, la belleza de Dios que irradia luz en la vida de un humano. Para citar a Rowan William otra vez:

> Santos son las personas que no nos callan, pero nos dejan hablar de lo que es real para nosotros, aun siendo doloroso, aunque nos desafía. Un santo es aquel que te dice, "Tú tienes el permiso de Dios de ser completamente tú mismo, aun si signifique enojo, miseria, culpa, o confusión." Y un santo es alguien que dice, "Déjame acompañarte al lugar donde te duele." Un santo es aquel que dice, "Confía y veras algo que no te puedes imaginar," porque los santos en la iglesia son aquellos que más que todo nos dan esperanza, son aquellos que nos muestran que las cosas pueden ser diferentes, que la humanidad no tiene que funcionar en una manera cíclica, miserablemente reorganizando el rencor, la infelicidad, o el egoísmo. Los santos abren eso y nos dicen, "Confía en Dios y solamente Dios sabe lo que verás en su mundo, y que vas a ver de Dios en el mundo."

Encontrándose con la angustia de Marta, Jesús la asegura con una indicación de quién es el: "Yo soy la resurrección y la vida" (Juan 11:25). Podemos decir, junto a San Agustín, que Jesús es la resurrección, porque él es la vida misma. Pero aun así es verdad que la vida que nos promete es la vida de *resurrección*—y así una vida que viene al otro lado de la muerte. Él es nuestra vida porque él es la resurrección; otra forma de decir esto, es que Dios no nos salva *de* la muerte sino *a través* de la muerte. Jesús es la respuesta misma a su propia pregunta, que le pregunta a Ezequiel: "Hijo de hombre, ¿podrán revivir estos huesos?" (Ezequiel 37:3). Por eso le puede prometer a Marta que todos los que en el creen, ". . . aunque muera . . . no morirá jamás" (Juan 11:25). Como la oscuridad es como luz para Dios, así también la muerte es vida para él.

Como la mujer del pozo que volvió a Samaria, Andrés que volvió a su hermano Simón Pedro, y Felipe que buscó a Natanael y lo convenció a que viniera a ver a Jesús (Juan 1:35–51), Marta, después de mostrar su confianza en Jesús, regresa y llama a su hermana. Cuando María se encuentra con Jesús, se arrodilla a sus pies—un recordatorio de la escena previa en donde se arrodilló a los pies de Jesús para escuchar y aprender de él (Lucas 10:39) y en anticipación a su posterior momento en donde se arrodilla para ungir los pies de Jesús con nardo puro en preparación de su muerte y entierro (Juan 12:1–7). En esto, María modela para nosotros el corazón de la fe.

Jesús, el evangelista Juan nos dice, "se conmovió profundamente" y lloró (Juan 11:33–35). Pero ¿por qué se conmovió Jesús? ¿Por qué llora Jesús, si sabe lo que va a hacer para Lázaro, para Marta y María, para los "judíos," para los discípulos? Juan no nos informa esto, y nos deja a imaginarnos una respuesta. Por supuesto sabemos que Jesús no llora por la muerte de Lázaro. Como muchos otros han dicho, quizás Jesús está conmocionado por la falta de fe de los que están reunidos en la tumba, pero eso solo puede ser verdad en el sentido que compadece por ellos. No es que llora para mostrarnos que es humano, aunque como muchos padres de la Iglesia han observado, sus lágrimas revelan la profundidad de su humanidad. Yo creo que no llora solamente para mostrarnos como mostrar tristeza (aunque, como Juan Crisóstomo sugiere, las lágrimas de Jesús muestran que llorar por los muertos no es inherentemente infidelidad o falta de fe en Dios). Sea como sea, aunque no podamos mostrar por qué Jesús llora, podemos saber que las lágrimas de Jesús nos muestran la llenura de su experiencia humana. Como ha dicho Rowan Williams, Cristo lleva nuestro dolor en su amor. Después en el evangelio (Juan 20:11),

María Magdalena llora en la tumba de Jesús, revelando que Jesús ha entrado completamente a la experiencia humana que entiende ambos aspectos: llorar por alguien y ser el sujeto de las lágrimas. La identificación de Jesús con nosotros es absoluto y entero, abarcando no solamente nuestras vidas sino nuestras muertes. Lo que es nuestro, Jesús lo toma como suyo y así todo lo que es suyo, podemos recibir como nuestro.

Aunque Marta cree en Jesús y confía en sus promesas de levantar a su hermano de la muerte, ella protesta, "Señor, ya debe oler mal, pues lleva cuatro días allí" (Juan 11:39). Ella, como el personaje Alyosha de la novela *Los hermanos Karamazov* de Fiódor Dostoyevski, no puede suprimir sus miedos y disgusto por la muerta de su hermano. No debemos culparla a ella por esto. Jesús no la culpa. El solo responde con la promesa, ". . . verás la gloria de Dios" (Juan 11:40). En verdad, debemos tener cuidado de que nuestra ingenuidad se muestre como "fe," porque nos quita la realidad de nuestra existencia mortal. Pero también debemos tener cuidado de la desesperación que se aparenta como "realismo," porque nos quita el valor de la presencia y promesa de Dios. De ambas formas, estas cualidades nos quitan nuestra humanidad y nos hacen incapaces de ver la gloria de Dios.

Todas las veces que leo esta historia de Lázaro en el Evangelio de Juan, pienso en el poema de Franz Wright, *Levantando a Lázaro,* en especial las ultimas líneas que capturan el shock, el horror, el asombro, y la confusión de todos los que estaban allí ese día:

Pedro miró a Jesús
con una expresión que aparentaba decir
Lo hiciste, o ¿Qué has hecho?
Y todos vieron
como sus imprecisas e incorrectas
vidas dieron lugar a él una vez más.

La ambigüedad del último "él" es perfecto. ¿Se refiere a Lázaro? ¿A Jesús? ¿Y por qué las miradas de todos son "imprecisas e incorrectas"? ¿Será porque no han aprendido como vivir la vida que se les fue dada? ¿Será porque todavía no murieron y así no saben cómo vivir? ¿Será que todavía no han podido preparar una respuesta al evangelio al cual Cristo les llama? La respuesta a todas estas preguntas es "Sí." Esta es una historia del Evangelio, así que es tanto una historia de Jesús y de Lázaro—hacer espacio para uno es hacer espacio para el otro. Y el Evangelio hace muy claro que la única manera correcta de vivir la vida—vivir con verdad y accesibilidad—es a través de una identificación radical con Jesús en sus preocupaciones por el prójimo. Como sus discípulos, maravillosamente salvos de la muerte, tenemos que unir nos a Jesús en sus viajes a donde nos cueste más. Debemos abrir las piedras de las tumbas de nuestras vidas y de las vidas de nuestros prójimos—aun cuando expone nuestra profunda corrupción. Tenemos que hacer lugar en nuestras vidas para que Cristo llame a lo que está muerto a la vida para que podamos con el Espíritu trabajar en quitar las "vendas" que nos atan al pasado. No debemos tener ninguna ilusión: no todos estarán felices de esta realidad. Y no siempre nos traerá gozo a nuestras vidas. Pero como Tomás y los otros discípulos, como Marta y María y los "judíos," lo único que tenemos que hacer es aparecer donde Jesús esté—y ahí esperar que él haga lo que solamente él puede hacer.

9

Alejándonos de Dios por causa de Dios

"... deja tu ofrenda allí delante del altar."

MATEO 5:24

"Ayunar es mejor que la oración ... la caridad es mejor que ambas."

CLEMENTE DE ROMA

No todos los aspectos de la religión son buenos. Si, como dice Santiago, la buena "religión" es el cuidado de las viudas y los huérfanos, entonces debe haber *mala* religión, una religión que no cuida de nada porque está consumido por la necesidad de cuidar a sí misma. San Pablo nos alerta que es posible tener fe que puede mover montañas y que entrega nuestros cuerpos a las llamas, pero que vive y muere sin amor. Este tipo de religión—aun cuando se sienta profundamente y se practique rigurosamente—es inútil: es egoísta, autodeterminada, y vanagloriosa. Aunque haya protestas de lo contrario—"Señor, ¿cuándo te vimos . . . ?" (Mateo 25:37)— no tiene nada que ver ni con Dios ni la gracia, y no hace nada para transformarnos en la similitud de Cristo para que fuimos hechos.

En las palabras fuertes, tan poderosas ahora como cuando fueron pronunciadas en ese momento hace miles de años, el profeta Isaías, hablando por Jehová, condena esta mala religión en los términos más fuertes en 58:5-9:

> ¿Acaso el ayuno que he escogido
>   es solo un día para que el hombre se mortifique?
> ¿Y solo para que incline la cabeza como un junco,
>   se ponga ropa de luto y se cubra de ceniza?
> ¿A eso llaman ustedes día de ayuno
>   y el día aceptable al Señor?
> El ayuno que he escogido,
>   ¿no es más bien romper las cadenas de injusticia
> y desatar las correas del yugo,
> poner en libertad a los oprimidos
>   y romper toda atadura?
>
> ¿No es acaso el ayuno compartir tu pan con el hambriento
>   y dar refugio a los pobres sin techo,
> vestir al desnudo
>   y no dar la espalda a los tuyos?
>
> Si así procedes, tu luz despuntará como la aurora,
>   y al instante llegará tu sanidad;
>   tu justicia te abrirá el camino . . .

Dios es muy claro con el tipo de "buena" religión que él requiere, y así qué es "mala" religión: "¿no es más bien romper las cadenas de injusticia y desatar las correas del yugo, poner en libertad a los oprimidos y romper toda atadura? ¿No es acaso el ayuno compartir tu pan con el hambriento y dar refugio a los pobres sin techo, vestir al desnudo y no dar la espalda a los tuyos?" Es así como se levantará la luz divina en la oscuridad, y así todos florecerán en bendición.

Podemos resumir la visión profética de Isaías de esta forma: la religión no complace a Dios, solo la caridad. Aunque nos hagan bien o sean importantes en nuestro testimonio para otros, el trabajo de la religión no se puede resumir en canciones, oraciones, ayunos, ofrendas, o sermones. Dios no necesita de nuestro dinero, aunque se deleita en recibirlo cuando es ofrendado con fidelidad. Es para nuestro bien y el bien de otros, que somos llamados a dar nuestros cuerpos como sacrificios vivos. Dios se deleita en el dar ropa al desnudo, dar comida al hambriento, visitar al enfermo o al encarcelado—solo cuando lo hacemos con amor. Dios se deleita en nosotros cuando damos bienvenida a los extraños a nuestro hogar y compartimos una cena con nuestros enemigos—solo cuando lo hacemos con amor. Dios quiere en su misericordia que "rompamos todo yugo"—todo lo que podemos hacer, con el poder de Dios y no el nuestro, para librar a otros de lo que los oprima— porque es para este propósito que fuimos creados.

Este llamado para servir a los pobres—mejor dicho, cualquier persona en necesidad y dentro de nuestro alcance—es el corazón mismo de la vida de fe. Como dice San Juan, si el amor de Dios vive en nosotros, entonces nos tiene que importar menos nuestra religión que la necesidad del prójimo. Cipriano de Cartago, en el espíritu de Isaías, nos advierte que la "oración sin caridad es vacía." Con ese fin, tenemos que "ayunar" de nuestra misma religión, nuestra espiritualidad, para que podamos "probar" del sufrimiento de otros. Esta es la esencia misma del evento de la Eucaristía, que nos llama a compartir con el sufrimiento de Jesús y su sacrificio por la vida del mundo.

No quiero aquí sugerir que Dios odia nuestras alabanzas y que lo único que hay que hacer en la vida de fe es cuidar de los demás. La vida cristiana es una vida de movimientos, una vida a la cual Jürgen Moltmann describe como respirar: inhalamos la adoración y exhalamos testimonio de la vida misma de Dios. O en las palabras de Christoph Blumhardt, todos tenemos que pasar por dos conversiones: la primera, del mundo a Dios, y la segunda, de Dios al mundo. Estos movimientos no pasan todos a la vez, sino que uno tras otro, pero también al mismo momento y a lo largo de nuestras vidas. Como un pueblo de fe, siempre tenemos que estar en movimiento hacia Dios y también alejándonos de Dios—por amor a Dios y a nuestro prójimo.

Podemos ver estos movimientos, estas conversiones, este respirar, al comparar las figuras en la imagen de Fritz Eichenberg,

Jesús en la fila del pan y la de *Cristo enviando a sus discípulos* de David Jones.

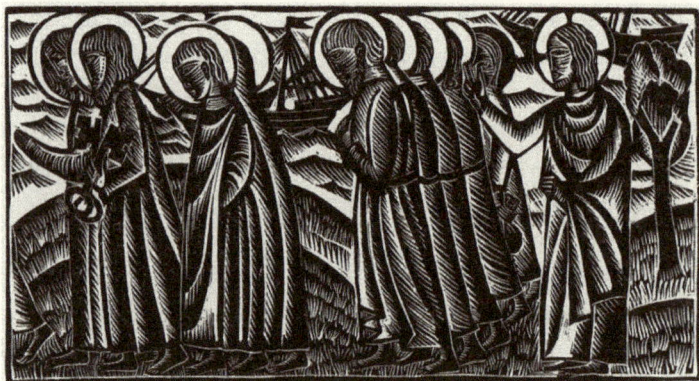

Si notamos, todas las figuras tienen la cabeza inclinada, hasta Jesús mismo. Algunos están inclinados en la desesperación, otros en reflexión. Los primeros abrumados por su necesidad, los otros con el llamado de servir a los demás. Cristo comparte en el sentir de ambos, entremedio de ellos en una y como cabecera en la otra imagen. Él es la fuente de la vida de la buena religión, y también su guía. Cuidamos a otros en él. Y saliendo de Cristo, encontramos a Cristo en ". . . el más pequeño" (Mateo 25:40).

La alabanza—en particular, la Eucaristía—marca el cambiar de estos movimientos. Cada semana en esta Santa Cena, nos encontramos cerca de Cristo por el Padre y enviados al mundo por el Espíritu Santo. Vamos a la iglesia por estos movimientos—ese jalar, y empuje—que nos atraen y nos empujan hacia afuera como una marea. Nadie entiende este movimiento y con tanta fuerza como Madre María de París:

> Sería una gran mentira decirles a aquellos que buscan: "Vayan la iglesia, porque ahí encontrarán paz." La iglesia le dice a los que están en paz y dormidos: "Vayan a la iglesia, porque es ahí donde encontrarán verdadero dolor por sus pecados y por los pecados del mundo. Es ahí que sentirán un verdadero hambre insaciable por la verdad de Cristo. Ahí en vez de convertirse en tibios, se prenderán en llamas; en vez de ser pacificados, se van a alarmar; en vez de aprender de la sabiduría del mundo, se convertirán en locos por Cristo."

***

Tenemos que escuchar este llamado de alejarnos de Dios por causa de Dios como una palabra del evangelio, y no como ley. Es una palabra de permiso y posibilidad, no una demanda o juicio. El hecho de que Cristo haya resucitado y ascendido, y porque él está en nosotros y nosotros en él, y porque su Espíritu descansa sobre nosotros en la medida que nosotros descansamos en el Padre, podemos alejarnos de Dios hacia el mundo por causa de Dios y el mundo. De hecho, porque Dios es el Dios viviente, alejarnos *de* Dios es solamente otra manera de acercarnos *a* Dios. Con esto en mente, estamos libres de lidiar con la dificultad y el sin fin del trabajo de cuidar por los que están en necesidad con esperanza, y no optimismo; con fe y no idealismo; con amor y no ambición.

En la profecía de Isaías, Dios promete no solo proveer para nosotros, sino que nosotros también *seremos* la provisión—siempre en un mundo vacío y con lugares secos al cual somos llamados y enviados. Sabemos que no podemos "arreglar" al mundo, no importa cuán heroicamente intentamos. Pero también sabemos que podemos hacer algo de bien para nuestros prójimos, precisamente porque es en ellos que nos ponemos cara-a-cara con lo que es nuestro bien, Dios.

10

Amando la obediencia

"En esto consiste el amor a Dios: en que
obedezcamos sus mandamientos."

1 JUAN 5:3

"Y este es mi mandamiento: que se amen los
unos a los otros como yo los he amado."

JUAN 15:12

Es difícil para los cristianos hoy en día poder saber cómo hablar
de la obediencia. Para empezar, es muy fácil confundir la idea
de la obediencia con un llamado a la dominación o la servidumbre.
También, es tentador para nosotros pensar en la gracia y la fe como
completamente opuestos a la obediencia, por lo menos en parte
porque nos han enseñado, implícitamente si no explícitamente, que
la obediencia está asociada con "la ley" o "la justicia." Pero *somos*
llamados a la obediencia y eso implica que tenemos que encontrar
una manera legible de poder hablar de qué significa obedecer.

Como siempre, tenemos que empezar y terminar con Cristo.
Primero y antes que nada, el obedeció en hacer lo que el vio el

Padre hacer, entonces sabemos que la obediencia es ser atentos a lo que Dios quiere para nosotros y para otros en cada momento. Este sentir de atentividad, este estar en sintonía, nos hace (como dice Jan van Ruusbroec) "listos y flexibles" para participar con el obrar del Espíritu en el mundo.

Cuando prestamos atención a la vida de Cristo en las Sagradas Escrituras, aprendemos que la obediencia no es un "mal necesario" o hostil a nuestras vidas como creaciones de Dios. En vez, la obediencia es la forma que nuestra libertad como creaciones debe tomar. No es que obedecemos *en vez* de ser libres, y no obedecemos *hasta* que somos libres. La libertade está *en* la obediencia y la obediencia está *en* la libertad. Como dice Rowan Williams, "someternos a Dios es estar en contacto con lo mas real posible. Rechazar este tipo de obediencia no es ser libre de lo ajeno sino estar alienado a uno mismo."

No podemos imaginar la obediencia sin re-imaginarnos el poder también. El poder de Dios no está basado en coerción o en violencia. De hecho, Dios, como creador, no puede ser violento igual que no puede ser mentiroso. Dios no quiere ganar o conquistar, ni tampoco obliga a los que lo resisten. Dios no tiene ningúnos opuestos ni iguales; por eso, el poder divino no tiene obstáculos en su cumplimiento. Dios no tiene que derrotar a los poderes que lo resisten, porque toda la realidad que existe depende de Dios. Solo hay Dios y todo lo que Dios ha creado y que mantiene; por eso, Dios solo debe tener voluntad para que se complete su voluntad. No es necesario luchar contra poderes rivales o vencer a sus enemigos.

Para ser claros, *necesitamos* a un Dios poderoso. Empezamos a entender esto verdaderamente en nuestra experiencia de poder y falta de poder, particularmente en la muerte. Y necesitamos que ese poder que tiene Dios sea absoluto. Si no, nuestra existencia como creaturas no estaría basada en la gracia ni estaría basada en las esperanzas que tenemos en las promesas de Dios, en particular cuando pensamos en la promesa de la resurrección. Pero esa necesidad del poder de Dios nos juega en contra. Podemos inventar para nosotros mismos e imponer sobre otros una manera de vivir con Dios que nos seduce a pensar que tenemos a nuestra disposición el poder de Dios, para nuestro uso, o que ese poder divino es una amenaza.

Si vamos a tener nuestras imaginaciones sobre el poder de Dios cambiadas, entonces vamos a tener que mirar a Cristo. Solo es en él que las acciones y ser de Dios, y los poders de la criatura, son perfectamente unidos. Por eso no confiamos en *nuestras experiencias* con Dios, sino en las de *Jesús*.

¿Qué es lo que descubrimos cuando miramos a Jesús para ver el poder de Dios? Vemos que el poder de Dios es radicalmente diferente tanto a nuestro poder como nuestra falta de poder, nuestras fuerzas y debilidades. El poder de Dios es revelado en el nacimiento virginal y la resurrección, y en especial en el perdón de los pecados y la transfiguración de los pecadores. No podemos entender los evangelios, hasta que entendemos el poder de Dios en cuanto se revela hacia el mundo en la debilidad de la cruz.

Solo es cuando empezamos a experimentar nuestras debilidades que podemos darnos cuenta del carácter del poder de Dios que nos lleva a una comunión o relación con la "debilidad" de Dios. El poder/debilidad de Dios nos sostiene cuando queremos ser librados, y nos libra cuando deseamos que nos sostuviera. San Pablo nos revela esta verdad en un pasaje difícil pero conocido, "Por lo tanto, gustosamente presumiré más bien de mis debilidades, para que permanezca sobre mí el poder de Cristo. Por eso me regocijo en debilidades, insultos, privaciones, persecuciones y dificultades que sufro por Cristo; porque, cuando soy débil, entonces soy fuerte" (2 Corintios 12:9–10). En una de sus cartas escritas desde la prisión, Dietrich Bonhoeffer articula esta misma verdad en una manera angustiante:

> Nada puede reemplazar la ausencia de alguien a quien queremos, y nada debería intentar reemplazarlo. Uno solo tiene que resistir y aguantar esa ausencia. Al principio suena muy difícil, pero a la misma vez hay un sentido de gran consuelo. Porque en cuanto ese vació verdaderamente no se llena uno permanece conectado con la otra persona. Está mal decir que Dios llena ese vacío. Dios en ninguna forma llena ese vacío sino que lo deja vació porque precisamente en ese estado nos ayuda a

preservar—aun en el dolor—esa auténtica relación. Aún
más, cuanto más bello y lleno de memorias, más difícil
la separación. Pero es la gratitud que nos transforma la
tortura de esa memoria en un gozo silencioso.

Dios está más preocupado por nuestra transformación que
por nuestra seguridad. Dios nos brinda sustento hasta que somos
transformados, porque Dios no teme por nosotros. Nada puede
resistir su voluntad para nosotros: ". . . ni cosa alguna en toda la
creación podrá apartarnos del amor que Dios . . ." (Romanos 8:39).
En conclusión, nos enfrentamos y superamos toda resistencia a la
voluntad de Dios en nuestras vidas simplemente dependiendo del
poder de Dios que no conoce resistencia y no necesita vencer nada
para ser la fuente de la fuerza. La obediencia, entonces, no es el
vencimiento de nuestra voluntad por una voluntad más fuerte que
la nuestra; sino que la obediencia es la sanidad a nuestra voluntad
para participar en su fuente, Dios. En las palabra de John Webster:

> Escuchar significa obediencia, y la obediencia no es una
> sumisión cobarde; no nace del miedo. Obediencia a Dios
> es una tarea de por vida en dar nuestra consentir a que
> Dios moldee nuestras vidas acordes a su plan. Obedi-
> encia es dejar a Dios ponerme en el lugar en donde yo
> pueda ser la persona que Dios me creó para ser.

∗∗∗

La pintura de Henry Ossawa Tanner, *The Banjo Lesson* (La lección
de Banjo, 1893) nos ilustra como se ve "una obediencia que escucha." Un pequeño niño, aprendiendo a tocar el banjo, no puede
agarrar el instrumento fácilmente. Pero el maestro lo sostiene al
niño y al instrumento, dándole espacio al niño para que pueda
pararse por sí solo y ayudándolo a tocar por sí solo. Ninguno parece estar consciente del otro. Tanto el niño como el hombre están
atentos al instrumento, sus atenciones fusionadas en la labor de
hacer música.

Sin duda, en cuanto el niño crece físicamente y con habilidad, el maestro le dará más y más espacio. Y sus atenciones seguirán fusionándose, más y más cerca, hasta que el estudiante sepa todo lo que el maestro sabe.

En la misma manera, en cuanto nosotros crecemos de fe en fe, aprendiendo a ser más obedientes, nuestra atención se fusiona con la de Dios, nos encontramos obedeciendo sin pensar. En la sabiduría del profeta Isaías leemos:

> Aunque el Señor te dé pan de adversidad y agua de aflicción, tus maestros no se esconderán más; con tus propios ojos los verás. Ya sea que te desvíes a la derecha o a la izquierda, tus oídos percibirán a tus espaldas una voz que te dirá: «Este es el camino; síguelo». (Isaías 30:20–21)

Seguir a Cristo, entonces, es escuchar con atención a la voz del maestro, un maestro que está detrás de nosotros, escondido, haciendo lugar para que nosotros podamos "tocar" ese instrumento.

***

Pero ¿qué significa todo esto? ¿Qué es lo que Cristo nos manda hacer? Y, ¿cómo nos manda a hacer esto? Esto nos llega por vía de la iluminación del Espíritu Santo de la vida que vivió Jesús, una forma de vida descrita para nosotros en el Sermón del Monte.

El Sermón del Monte es ley: se nos fue dado para obedecer. Y lo mismo es aplicable a los Diez Mandamientos. Pero estas son las leyes de *Cristo*—y no nos llegan a nosotros en la forma de directivas sino como articulaciones del mandamiento de amar al prójimo, el mando en el cual se resume la totalidad de la ley. No podemos obedecer a Cristo por nuestro esfuerzo o nuestra intención—solo es en la incorporación del asombro de Cristo y su vida, que está descrito en el Sermón del Monte y los Diez Mandamientos. Cuando leemos el Sermón o escuchamos los Mandamientos, tenemos que entenderlos siempre como una sinfonía a la belleza de Jesús el Galileo, hijo de María y la revelación de Dios. Tenemos que absorbernos en la música del Sermón de una manera que nos olvidemos de nosotros mismos, independiente de cuan bien cumplimos o fallamos en cumplir estos mandamientos. En vez, nuestros ojos están fijados en Jesús y la maravilla de su vida dada por los demás.

***

Si de una forma obedecemos a Cristo en atender el asombro que nos genera la vida que el dio por nosotros, de otra forma entramos en su obediencia cuando atendemos a la maravilla del amor del Padre por él y por nosotros. O para decirlo de otra forma, cuando contemplamos la gloria de Dios, la obediencia de Cristo empieza a crearse en nosotros. Donde hay asombro por Cristo que nos abre al asombro por el Padre, ahí mismo está el Espíritu, creando nueva vida.

Decir esto de esta manera nos trae cerca a la manera en que habló San Juan de la íntima interrelación de amor, obediencia, y los mandamientos. Todos los mandamientos, según Juan, pueden resumirse en: "... que se amen los unos a los otros. Así como yo los he amado, también ustedes deben amarse los unos a los otros" (Juan 13:34–35). Cumplir este mandamiento es la simple participación en el mismo amor con que se nos manda amar.

"Da lo que mandas, y manda lo que es tu voluntad . . ." oraba San Agustín. Y nos podemos unir a esta oración, sabiendo bien la respuesta: Dios nunca nos manda lo que ya no nos da junto con el mismo mandato. Los mandatos de Dios, al final, son su propia Palabra, así que todo mandamiento es un llamado a unirnos con esa Palabra de Dios, y ese llamado nos invita a cambiar. Dios nos llama a la vida que nos manda vivir. Como el llamado de Jesús a Pedro a salir de la barca e ir hacia él, Dios nos da lo necesario para cumplir ese llamado.

En la misma manera, la obediencia de Dios es la palabra misma de Dios llevada a cabo por el Espíritu de Dios. Y debido a que la persona de Cristo y su labor son inseparables, la respuesta humana del Hijo al Padre está envuelto en la dinámica misma de la vida Trinitaria—y por este mismo Espíritu somos envueltos en él. Por esta razón, nuestra obediencia no es otra cosa que una parte de la vida misma de Dios con Dios.

***

Estamos finalmente en la posición de ver el *por qué* Dios nos llama a la obediencia. Karl Barth articula este propósito divino en la revelación de los Evangelios:

> Dios quiere que la humanidad sea su criatura. Más aun, Dios quiere que la humanidad sean sus socios. Hay una *causa Dei* en el mundo. Dios quiere luz, y no tinieblas. Dios quiere el cosmo, no el caos. Dios quiere la paz, no el desorden. Dios quiere que la humanidad administre y reciba justicia en vez de causar y sufrir injusticia. Dios quiere que la humanidad viva acorde al Espíritu y no de acuerdo con la carne. Dios quiere que la humanidad esté comprometido con Dios sobre cualquier otra autoridad. Dios quiere la humanidad viva y no muerta. Debido a que Dios desea estas cosas, Dios es Señor, Pastor, y Redentor de la humanidad, quien en su santidad y misericordia se encuentra con sus criaturas a quienes juzga y perdona, rechaza y recibe, condena y salva.

Entonces, ¿por qué Dios nos llama a obedecer? Porque es simplemente la forma en que la *causa Dei* se hace realidad en el mundo y en nuestras vidas. Dios no requiere de nosotros la obediencia para ponernos a prueba, pero nos entrena y nos transforma para encajar en la vida misma de Dios. Dios requiere nuestra obediencia, no para rompernos sino para hacernos, para llenarnos de su gloria *kenótica*. En resumen, "obediencia" es otra forma de decir "salvados por la gracia."

11

Las Necesidades de Dios

"Jesús, fatigado del camino . . ."

JUAN 4:6

En cierto nivel, no es nada sorprendente que Jesús estaba
cansado. Después de todo, era totalmente humano. Y aun así,
hay una profundidad teológica seria en este detalle insignificante.
Jesús llama a ellos quienes están cansados y agobiados a que vengan a él para que les de descanso (Mateo 11:28-30). Jesús hace esto
como una recapitulación de la experiencia humana, que incluye el
cansancio y nuestra necesidad. Jesús necesita descansar también.

Como nos cuenta el Evangelio de Juan, el encuentro de Jesús
con la mujer samaritana en el pozo de Jacob es una especie de rec-
reación de la tentación de Israel en Meribá (Éxodo 17; Salmos 95).
Cuando leemos la historia de Israel a través de la historia de Juan,
estamos posicionados a ver qué nos pasa en el aquí y ahora. "De
hecho, todo lo que se escribió en el pasado se escribió para ense-
ñarnos . . ." (Romanos 15:4) ¿Cómo puede ser esto? Porque Jesús
re-vive la experiencia humana, da nueva vida a esto con la vida
misma de Dios. Lo que Jesús hace en la posición de ser "Israel,"
lo hace para cada uno de nosotros. En su propia persona, nos trae

el descanso de Dios en comunión con el cansancio humano, para que en esa comunión la muerte es vencida por la vida, la oscuridad dispersada por la luz. En Jesús, el andar sin rumbo se convierte en un viaje a un destino.

En Refidín, Israel no tenía agua para beber, y ahí protestaron y se quejaron ante Moisés (Éxodo 17:1–7). "¿Para qué nos sacaste de Egipto?" Pero donde Israel peleaba con Moisés, Jesús le pide cortésmente a la mujer por un poco de agua. La sed de Jesús, a diferencia de Israel, no estaba motivado por el enojo y la malicia. Israel no podía confiar en Moisés, o el Dios de Moisés, para proveer por sus necesidades. Jesús, a diferencia, como Israel en persona, se pone al cuidado del extranjero—la mujer samaritana. Él se pone a la merced de esta mujer, para que al final de la historia él pueda tener misericordia de ella.

Así es el obrar de Dios con nosotros. En la vida de Jesús, Dios—impasible, inexpugnable, e inaccesible en poder absolutamente incondicionado por la realidad fuera de su propia vida—se hace vulnerable y dependiente de nosotros. El creador asume su creación y lo infinito se hace finito. El Dios de la vida misma, se auto-condiciona en mortalidad. El Dios que no tiene necesidad, se hace pobre. Y lo hace solamente para nuestro bienestar y por nuestro bien.

Pensemos cuanta veces esto pasa en los Evangelios. No solamente en el vientre de María, sino también en la casa de José. No solo en el bautismo en agua, sino en la mesa junto a sus amigos y enemigos. Jesús les pide a sus discípulos que oren por él en Getsemaní. El deja que una mujer lave sus pies con sus lágrimas en la casa de un fariseo. Hasta en un momento él no carga su propia cruz.

Cristo continúa hasta el día de hoy en hacerse pobre para nosotros. "Dios tiene sed de que el hombre tenga sed de Él." (Catequesis de la Iglesia, 2560). Como dice Máximo el Confesor, Cristo quiere ser concebido como un niño en cada uno de nosotros de acuerdo con la fuerza de nuestro deseo por Dios. Jesús quiere ser dependiente de nosotros de la misma manera que lo fue de María, la portadora de Dios. Solo en esta forma puede ser posible que su carácter puede ser formado en nosotros. En la calidad que "honren en su corazón a Cristo como Señor" (1 Pedro 3:15), estamos siendo hechos santos con la mismísima santidad humana-divina de Dios. Cuando intentamos hablar con amor a Dios acerca de los demás y acerca de Dios con los demás, nos encontramos siendo hechos nuevos y llenos de amor. Cuando oramos, inevitablemente nos encontramos fallando, y nos encontramos en la intercesión de Dios mismo por nosotros. En cuanto cuidamos de los que están más en necesidad, encontramos que recibimos la gracia que sabemos que necesitamos pero no podemos crear en nosotros mismos u ofrecernos.

Las Sagradas Escrituras nos prometen, ". . . mediante la fe, tenemos paz con Dios por medio de nuestro Señor Jesucristo. También por medio de él, y mediante la fe, tenemos acceso a esta gracia en la cual nos mantenemos firmes" (Romanos 5:1–2). ¿Cómo es que llegamos a este acceso? ¿Cómo es que Cristo ganó esto para nosotros? No fue en cambiar la voluntad del Padre hacia nosotros. Y no fue a través de mostrarnos la posibilidad de una vida mejor. Cristo aseguró este tipo de acceso en la gracia ontológicamente para nosotros, en efectivamente cambiar nuestra existencia como criaturas. Como Máximo el Confesor dijo, la vida humana, muerte, y resurrección de Cristo es el "remedio" para toda la corrupta creación. A través del "cuerpo" de Cristo, Dios restaura la naturaleza humana (y así a toda la naturaleza entera) a un estado de gracia. No solamente restaura—sino *hace nuevo*. Lo que Dios asume en sí mismo no es solamente sanado, pero es llenado con el Espíritu, y traído a la plenitud de Dios. Cristo no abre el camino de vuelta al Edén, sino que abre camino a una nueva vida con Dios.

La Epístola a los Romanos nos recuerda que tenemos esperanza "de alcanzar la gloria de Dios" (5:2)—el Dios que se identifica en la Biblia con el Dios que no comparte su gloria con ninguno (Isaías 42:8). ¿Cómo puede ser esto? Es que en Cristo, no somos "otros." Somos carne de su carne, y hueso de su hueso, co-herederos y co-partícipes con Cristo. Lo que es suyo es nuestro. Lo que le pasa a él, nos pasa a nosotros. Lo que el Padre hace por el Hijo, lo hace para nosotros. Todo lo que hace el Espíritu por Cristo también lo hace para nosotros. En las palabras de Pablo, "Y esta esperanza no nos defrauda, porque Dios ha derramado su amor"—el amor del Padre para el Hijo y el del Hijo para el Padre, y por su creación—"en nuestro corazón por el Espíritu Santo que nos ha dado" (Romanos 5:5).

***

El Evangelio de Juan tiene una extraña manera de contar el tiempo. El pasado y el futuro están presentes en maneras que no esperamos. Jesús dice, "Les aseguro que, antes de que Abraham naciera, ¡yo soy!" (Juan 5:58). Al decir esto, Jesús deja a todos confundidos. Antes de su crucifixión, él ora, "Yo te he glorificado en la tierra y he llevado a cabo la obra que me encomendaste. Y ahora, Padre, glorifícame en tu presencia con la gloria que tuve contigo antes de que el mundo existiera." En la Epístola a los Romanos, Pablo insiste que Cristo murió, ". . . en el tiempo señalado . . . por los impíos" (5:6). Y ahí dice inmediatamente que el "tiempo señalado" es el momento de nuestra debilidad, el momento de enajenación de Dios y enemistad contra Dios. Así Dios demuestra la autenticidad de su amor en venir justo cuando no pensábamos que lo merecemos.

El Evangelio de Juan demuestra que el Jesús que viene en el momento correcto, ". . . cuando se cumplió el plazo" (Gálatas 4:4), es el que trae todas las cosas consigo en la "hora" adecuada (Juan 12:20–26), el momento de su fortaleza, en el momento del triunfo sobre el mal y la muerte, en el momento en el cual rompe con toda alienación y nos trae cerca en la unidad con el Padre. El que está en el abrazo del Padre (Juan 1:18) está preparando un lugar para nosotros, para que donde el esté nosotros también podamos estar con él (Juan 14:3). "Dios hizo todo hermoso en su tiempo. . ." (Eclesiastés 3:11). ¿Cómo es que hace esto? Lo hace en llevarnos cerca a la "hora" de Cristo, para que lo que él haga bello nos embellezca a nosotros.

"Ve a llamar a tu esposo y vuelve acá—dijo Jesús" (Juan 4:16). Es fácil deducir en base a la respuesta de la mujer que no tiene marido, y que ha tenido un pasado tumultuoso y lleno de escándalos sexuales. San Agustín sugiere que después de todos sus maridos, había terminado con un amante ilícito. Pero la realidad es que no conocemos el porqué de la historia o cómo se dio de esta manera. Puede ser que cada uno de sus maridos habían muerto, y alguien sintió pena y la cuidó. Mas allá de esto, esta referencia al casamiento no es insignificante. Brant Pitre, en su libro *Jesús el Novio*, ofrece que esta historia es una re-imaginación de la historia del encuentro de Jacob con Raquel en el pozo en Genesis 29:1–9. En la versión recontado en el Evangelio, Pitre lee a Jesús como Jacob, en la capacidad de encontrar a la mujer como su comprometida a casarse. Pero a diferencia de Raquel, quien era bella, esta mujer no es convencionalmente deseable. Ella es más como la hermana no deseada de Raquel, Lea. Esta mujer es samaritana. Ella tuvo cinco maridos. Y además, por cualquier razón y bajo condiciones inciertas, ella ahora está viviendo con un hombre quien no es su marido.

Pitre indica al texto de 2 Reyes 17 donde describe que los samaritanos habían cometido idolatría con cinco dioses extraños, un detalle que quizás es una información que Juan levanta para la historia. Sea como sea, esta conexión puede ser alarmante: Jesus, el nuevo Jacob, "enamorándose" de la samaritana con su pasado escandaloso. Los discípulos están asombrados con buena razón. Pero eso mismo en una palabra *es* el evangelio: Cristo, el novio de la iglesia, busca solamente a los impíos, pecadores, y enemigos de Dios (Romanos 5:6–10). Dios nos encuentra hermosos cuando somos nada deseables, y en esto mismo nos hace algo nuevo que nunca podríamos ser sin Dios. El deseo de Dios por nosotros es lo que nos hace deseable.

"Bien has dicho. . . (Juan 4:17). Los eventos en Meribá llevan al castigo de Israel y Moisés (Éxodo 17:1–7). Pero el dialogo de Jesús con la samaritana lleva a un final completamente diferente, un juicio que no lleva a la muerte sino a la vida. Jesús revela la condición de la mujer precisamente en hacer espacio para que ella pueda confesarlo en sus propias palabras. Cuando ella habla la verdad, ella abre de sí misma al quien es la Verdad.

Al principio su visión es borrosa, como el hombre ciego en Marcos 8 quien ve la gente como árboles caminantes. Ella ve a Jesús como un profeta, pero como Nicodemo y tantos otros de los personajes del Evangelio de Juan, ella no entiende la magnitud de lo que está diciendo. Como Israel en Meribá, ella falla en darse cuenta de la presencia del Señor. Ella sabe que el Mesías está por venir, pero no reconoce que él ya llegó. Lo mismo es cierto, en cada uno de nosotros. Nunca es *Dios* quien está ausente. *Nosotros* somos los que fallamos en estar presentes. Dios no es silencioso. Nosotros somos los que no pueden escuchar lo que está siendo dicho. Como Jacob, todos tenemos que confesar, "Sin duda, el Señor está en este lugar y yo no me había dado cuenta" (Genesis 28:16). Es en la Cuaresma en donde tomamos tiempo de recordar cuan poco en verdad entendemos, y cuanto tenemos que aprender.

Y así, diferente a la historia de Israel, la mujer samaritana está abierta a la presencia que todavía no reconoce. Jesús no es solamente el nuevo Jacob sino que también el nuevo Moisés. El pozo de agua de Jacob es la zarza ardiente, y es ahí donde Cristo declara a la mujer: "Ese soy yo, el que habla contigo" (Juan 4:26). Es ahí donde ella se da cuenta que está en tierra santa.

"En esto llegaron sus discípulos y se sorprendieron de verlo hablando con una mujer . . ." (Juan 4:27). Exactamente en ese momento—justo antes de que escuchásemos la respuesta de la mujer a la revelación de Jesús—los discípulos regresan. Debemos tratar de vivir vidas así: llegar a cada momento de nuestras vidas después del Gran Yo Soy se ha hecho conocer. Con quienquiera que nos encontremos y cuandoquiera que nos encontremos con ellos, nos encontramos ya habiendo llegado a un lugar santo. Porque el Gran Yo Soy siempre está delante de nosotros.

Cuando regresan los discípulos, están atónitos al ver lo que está pasando y las preguntas que quieren hacer no son buenas. Pero por lo menos tienen el sentido de no decir nada. Muchas veces la mejor estrategia evangelística es no hacer la pregunta que nos viene a la mente. Como dice Dietrich Bonhoeffer en *Vida en Comunidad*, la primera, y de cierta manera la más importante, tarea de nuestro ministerio que les podemos ofrecer a los demás es el ministerio de controlar nuestra lengua: "Debe ser una regla decisiva en la vida de la comunión cristiana que cada individuo esté prohibido de decir lo que se le ocurra."

Entonces leemos que "La mujer dejó su cántaro, volvió al pueblo y decía a la gente . . ." (Juan 4:28.) La mujer samaritana deja el cántaro justo cuando están llegando los discípulos, de la misma manera en que ellos habían dejado sus redes, mesas de impuestos, espadas, y dagas para seguir a Jesús. Este es una señal inevitable de lo que la auto-revelación de Cristo hace en nosotros: interrumpe nuestras vidas, y hace que nos encontremos en un extraño mundo nuevo de preocupaciones. El descubrimiento de Jesús nos hace olvidar de todo lo que pensamos una vez era importante o definitivo para nuestras vidas. Cuando llega Jesús a nosotros, perdemos sentido de todo lo que una vez mantuvimos cerca (véase Filipenses 3:13-14).

La mujer regresa a la ciudad sin su cántaro de agua pero con una invitación y con una pregunta para los habitantes: "Vengan a ver a un hombre que me ha dicho todo lo que he hecho. ¿No será este el Cristo?" (Juan 4:29). Como lo dijo Juan Crisóstomo, "dado alas por la esperanza," la mujer samaritana toma el "oficio de un evangelista," y "ella no invita a uno o dos personas, como lo hizo Andrés o Felipe, sino que ella fervorosamente invita a toda una ciudad y su gente, y ella los trajo a Jesús."

El testimonio de la mujer es astuto como una serpiente y sencillo como una paloma (Mateo 10:16). Crisóstomo sigue en su análisis:

> Observen la gran sabiduría de la mujer; ella no simple-
> mente declara el hecho, ni tampoco estaba en silencio,
> porque ella no quería tráerlos simplemente por su propia
> experiencia y declaración, pero quería asegurar que ellos
> tuvieran la misma opinión por su propia experiencia de
> escuchar a Jesús . . . Ella no dijo, "Vengan y crean," sino
> "Vengan y vean." Una invitación y expresión más sutil
> que la anterior, una mucho más atractivo para los habi-
> tantes. ¿Ven aquí la sabiduría de esta mujer? Ella sabía
> con certeza, de que si ellos mismos pudiesen probar del
> pozo de Jacob ellos también serian afectados como ella lo
> fue en ese momento.

Ella está llena de tacto—sobre pasada de alegría, pero no desde el fanatismo ni de la sobre insistencia. Con su testimonio, gentilmente ella crea espacio para la posibilidad de que sus vecinos conozcan lo que Cristo ha hecho en ella. El Evangelista Juan nos cuenta que muchos creyeron en Jesús por su testimonio, aunque son muy claros en decirle a ella que, "Ya no creemos solo por lo que tú dijiste . . . ahora lo hemos oído nosotros mismos y sabemos que verdaderamente este es el Salvador del mundo" (Juan 4:41–42). Asombrosamente, ellos llegan a conocer a Jesús de una forma que ni siquiera ella les dijo. Él es no solamente el Mesías de Israel, sino el Salvador del mundo.

Tenemos mucho que aprender de su testimonio. Una cosa importante siendo que nuestra tarea no es convencer a nuestros vecinos que crean en Jesús, y mucho menos que ellos acepten nuestras creencias o manera de vida como la suya. Debemos recordar que nuestro llamado es nada más ni menos que ser testigos de lo que Dios ha hecho en nuestras vidas en maneras que son fieles a la persona de Cristo—su humildad, gentileza, misericordia, paciencia, y compasión.

En la evangelización, el cómo y el qué son inseparables y mutuamente construidos. La bondad de Dios tiene que llevar al arrepentimiento, dicen las escrituras. Entonces solo es cuando nosotros actuamos con bondad en nuestro testimonio de la misericordia de Dios que podemos ayudar a otros a llegar al arrepentimiento. Nosotros solo somos las parteras ayudando en el nacimiento de algo nuevo: nosotros no creamos la vida nueva en otros, solamente acompañamos a otros a que ellos den a luz al Cristo formado en ellos por medio del Espíritu.

12

¿Cómo Dios se hace humano?

"Queridos hijos, por quienes vuelvo a sufrir dolores de
parto hasta que Cristo sea formado en ustedes…"

(GÁLATAS 4:19)

"…los tratamos con delicadeza. Como una madre
que amamanta y cuida a sus hijos…"

(1 TESALONICENSES 2:7)

Las buenas noticias son estas: Cristo nunca nos dejará. El siempre estará presente, más cerca de nosotros de lo que pudiéramos imaginar—pero diferente de lo que podríamos esperar o desear. Como resultado de esto, somos llamados a no solamente tener paciencia sino una profunda atentividad. En el Adviento, en especial, aprendemos una vez más a recibir los regalos de Dios que nos quiere dar a diferencia de los que queremos recibir. Pero también sabemos que lo que Dios ha preparado para nosotros es mucho mejor que cualquier cosa que pudiésemos pedir para nosotros. Adviento es el tiempo de armonizar nuestra conciencia a la "segunda venida" de Cristo.

Muchos de nosotros seguramente estamos acostumbrados a pensar en dos venidas de Cristo, la primera venida siendo la encarnación y la segunda venida, lo que esperamos al final de la historia. Pero Bernardo de Claraval sugiere que tenemos que pensar en las *tres* venidas de Cristo:

> Nosotros sabemos que hay tres venidas de Cristo. La tercera se sitúa entre la primera y la segunda. Es invisible, mientras que las otras dos son visibles. En la primera venida, él fue visto en la tierra, habitando el mundo de los hombres . . . En la última venida, toda criatura lo verá y verá la salvación de nuestro Dios, y mirarán al quien lastimaron . . . En la primera venida de nuestro Señor vino a la carne en nuestra debilidad, en la del medio viene en Espíritu y en poder, y en la última venida el vendrá y será visto en gloria y majestad.

Lo que Bernardo llama "la venida del medio," está siempre "escondida" y solo encontrada por sus seguidores en sí mismo en la experiencia de la contemplación. Si él tiene razón en esto, y yo estoy seguro de que sí tiene razón, entonces *Cristo está siempre llegando a nosotros*—dócilmente, secretamente, y con una gracia incomoda. Él viene no tanto *a* nosotros sino *en* nosotros.

Cristo "aparece" en este sentido solo en nuestra *labor*. Él "viene otra vez" y está presente en nosotros y a otros cuando lo traemos a la vida. En otras palabras, no es que solo somos hijos de Dios; sino que nos convertimos en *theotokoi*—madres de Dios. O para decir lo mismo de otra forma, solo podemos ser como Cristo cuando nos transformamos en María, su madre.

Esto es lo que modela para nosotros el Apóstol Pablo en su carta a la iglesia de Galacia: "Hijitos míos, por quienes vuelvo a sufrir dolores de parto, hasta que Cristo sea formado en vosotros . . ." (Gálatas 4:19). Pablo sufre un parto como la de María en que Dios nace a través de él. El sufre dolor hasta que Cristo sea formado en la iglesia. Y después los amamanta con la palabra de Dios hasta que maduren.

Pablo usa una imagen similar y quizás provocadora en Romanos: "Sabemos que toda la creación todavía gime a una, como si tuviera dolores de parto. Y no solo ella, sino también nosotros mismos, que tenemos las primicias del Espíritu, gemimos interiormente, mientras aguardamos nuestra adopción como hijos, es decir, la redención de nuestro cuerpo" (Romanos 8:22-23). Aquí toda la creación se junta con los santos como el cuerpo de Cristo, y es imaginado como una madre pariendo a una nueva creación. Es como si Cristo mismo esté en el proceso de parto. Como él nació de una mujer, tomado de María como lo fueron Abel y Caín de Eva, ahora mismo Cristo tiene la nueva creación en su vientre, y esta será tomado de su costado como lo fue Eva de Adán.

***

En *Las Nuevas Semillas de la Contemplación*, Thomas Merton dice que el único verdadero gozo en la vida es poder escapar la prisión de auto-falsedad. Pero en nuestro deseo de escapar de esta prisión, y mientras intentemos ser nuestros "verdaderos seres," estamos siendo falsos a nuestro verdadero llamado; estamos en unas condiciones de vivir contrario a la verdad de nuestra existencia. Lo que necesitamos es un sano "olvido de uno mismo" o quizás mejor dicho una "santa memoria del otro"—convirtiéndonos en uno con el amor de Dios que hace que no estemos pensando en cómo ser mejores versiones de nosotros mismos, y así poder atender y cuidar por los que están ahí enfrente de nosotros que necesitan de misericordia y compasión.

Si nos convertimos en personas con ese tipo de atentividad, si podemos ser absorbidos por el deleite de amar al prójimo, si podemos estar "envueltos del amor divino," si podemos actuar con abandono que solo el amor de Dios hace posible, es solo porque Jesús está creándose en nosotros. Este tipo de vida significaría, de hecho, que portamos a Cristo en nosotros como lo hizo María en sí misma. Y así, nuestras palabras y nuestros silencios, nuestras expresiones y nuestras impresiones, nuestras acciones y nuestra quietud pueden comunicar Jesús y traer su bondad a la vida—todo sin saberlo o enorgullecernos de esto. Paradójicamente, tenemos que olvidarnos de nosotros mismos, y hasta de nuestra relación con Dios, para ser auténticamente nosotros, haciéndonos uno con el amor que nos amó y nos dio la vida. Ser madre, después de todo, es una manera peculiar de dar atención y cariño.

***

Quizás te suena raro hablar de ser uno con el amor de Dios, y puede parecer fuera de serie olvidarnos de nosotros y de nuestra relación con Dios. Pero si es así, mi sospecha es que es porque muchos de nosotros hemos llegado a pensar que Dios es una persona más en nuestras vidas. Obviamente Dios es la persona más importante de nuestra vida, pero termina siendo el primero en una lista de muchas. Nos imaginamos que amar a Dios es algo diferente y simultáneamente igual (por ende en competición) con amar a nuestro prójimo. Como si Dios tomase prioridad antes que nuestro prójimo. Imaginamos amar a Dios como algo fácil en comparación con amar a nuestro prójimo. Pero la contemplación nos enseña que Dios nos salva de nuestras ilusiones precisamente arrojándonos al cuidado y la responsabilidad del prójimo. En las palabras de 1 Juan, es en amar a nuestro prójimo a quien podemos ver que nosotros probamos—en los dos sentidos de la palabra— que la vida del Dios a quien no podemos ver se hace viva en nosotros. La contemplación nos enseña que Dios no es una persona más en nuestras vidas: Dios *es* nuestra vida. Dios es él en quien vivimos, movemos, y existimos. No simplemente vivimos con Cristo, sino que estamos *en* Cristo y él en nosotros de una manera que somos templos del Espíritu Santo y el Padre está en casa en nosotros. Como dijo Pablo, "Concentren su atención en las cosas de arriba, no en las de la tierra, pues ustedes han muerto y su vida está escondida con Cristo en Dios. Cuando Cristo, que es la vida de ustedes, se manifieste, entonces también ustedes serán manifestados con él en gloria" (Colosenses 3:2–4).

Estamos escondidos con Cristo en Dios—de nosotros mismos, y también de los demás. Y de esta manera, no somos tanto madres como pequeños niños que están por nacer. No deberíamos pensar de esto como poesía: estamos mantenidos en la fe en Dios mucho antes que la fe se hace nuestra. Nosotros solo podemos creer porque otros han creído por nosotros. Y nosotros avanzamos en creer solo cuando los otros creen para nosotros y en nosotros. Somos portados como criaturas en los vientres de la fe de otros. Merton observa que odiamos pensar de nosotros mismos como novatos, pero en la vida de fe y oración siempre somos novatos. El filósofo Danés Søren Kierkegaard, reflexionando sobre la fe de Abraham, comenta que la fe no viene al principio fácilmente, sino que llega hacia el final de la vida después de muchas dificultades. Así mismo, San Ignacio describe su martirio no como una muerte sino como un nacimiento. Estas son las maneras en que debemos pensar de la madurez cristiana: nuestra madurez está por venir y prometida a nosotros; la posibilidad de ser plenamente como Cristo siempre nos llama hacia adelante hacia una responsabilidad más profunda y más ancha por los que necesitan de nuestro cuidado.

No siempre estamos ayudando en el proceso de ayudar en nacer la obra de Dios en otros. No siempre somos como Pablo o María, a veces somos como Ana: damos testimonio de la venida de Cristo en el mundo, en las vidas de nuestros amigos y enemigos (Lucas 2:36–38). Y a veces somos como Elisabet, la prima de María: nosotros damos un lugar para que aquellos quienes estén dando a nacer a Cristo, y nosotros damos a nacer a lo que prepara el camino para que Cristo pueda obrar en ellos (Lucas 1:39–43). Nosotros somos las parteras y las nodrizas, dando cariño por los demás que están pariendo y tiernamente cuidando a los que están naciendo con una vulnerabilidad radical. En estas maneras y un sinfín de maneras más, nuestra labor es de compartir con el gemido de la creación para dar a nacer la nueva creación de Dios.

Bibliografía

(Traducciones directas en el texto de las versiones en inglés)

Augustine of Hippo. *The Confessions*. London: Penguin, 2003.

Balthasar, Hans Urs von. *Theo-Drama V*. San Francisco: Ignatius, 1998.

Barth, Karl. *The Humanity of God*. Louisville: Westminster John Knox, 1960.

Bernard of Clairvaux. *St Bernard's Sermons on the Nativity*. Chulmleigh, UK: Augustine, 1985.

Bonhoeffer, Dietrich. *Letters and Papers from Prison*. Minneapolis: Fortress, 2015.

———. *Life Together*. San Francisco: Harper Collins, 1978.

———. *Sanctorum Communio*. Minneapolis: Fortress, 2009.

Coakley, Sarah. *God, Sexuality, and the Self: An Essay "On the Trinity."* Cambridge: Cambridge University Press, 2013.

Gunton, Colin. *Father, Son, and Holy Spirit: Toward a Fully Trinitarian Theology*. London: T. & T. Clark, 2003.

Eliot, T.S. *Four Quartets*. New York: Houghton Mifflin Harcourt, 2014.

Hart, David Bentley. *The Experience of God: Being, Consciousness, Bliss*. New Haven: Yale University Press, 2013.

Hilary of Poitier. *On the Trinity*. A Select Library of the Nicene and Post-Nicene Fathers of the Christian Church, Second Series. Edited by Philip Schaff, vol. IX. New York: Scribner's, 1890.

Jenson, Robert W. *On Thinking the Human: Resolutions to Difficult Notions*. Grand Rapids: Eerdmans, 2003.

———. *Systematic Theology Vol 2: The Works of God*. New York: Oxford University Press, 2002.

John Chrysostom. *Commentary on Saint John the Apostle and Evangelist: Homilies 1–47*. Fathers of the Church. Washington, DC: Catholic University of America Press, 2000.

Kierkegaard, Søren. *Fear and Trembling*. London: Penguin, 1985.

Lewis, C. S. *The Silver Chair*. Grand Rapids: Zondervan, 2005.

Maximus the Confessor. *St. Maximus the Confessor: Selected Writings*. Classics of Western Spirituality; Mahwah, NJ: Paulist, 1985.

Meister Eckhart. *Meister Eckhart: The Essential Sermons, Commentaries, Treatises and Defense*. Translated by Edmund Colledge and Bernard McGinn. New York: Paulist, 1981.

Merton, Thomas. *Contemplative Prayer*. New York: Image/Doubleday, 1996.

———. *New Seeds of Contemplation*. New York: New Directions, 2007.

Moltmann, Jürgen. *The Source of Life: The Holy Spirit and the Theology of Life*. Minneapolis: Fortress Press, 1997.

Nicholas of Cusa. *On Learned Ignorance*. Online: http://jasper-hopkins.info/DI-I-12-2000.pdf.

Pieper, Joseph. *Happiness and Contemplation*. South Bend, IN: St Augustine's Press, 1998.

Pitre, Brant. *Jesus the Bridegroom: The Greatest Love Story Ever Told*. New York: Image, 2018.

Skobtsova, Maria. *Essential Writings*. Modern Spiritual Masters. Maryknoll, NY: Orbis, 2002.

Sonderegger, Kate. *Systematic Theology Vol. 1: The Doctrine of God*. Minneapolis: Fortress, 2015.

Stein, Edith. "Ways to Know God." In *Knowledge and Faith*, translated by Walter Redmond. Washington, DC: ICS, 2000.

Teresa of Ávila. *The Way of Perfection*. New Kensington, PA: Whitaker House, 2017.

Thomas Aquinas. *Summa Theologica*. Notre Dame, IN: Ave Maria Press, 2000.

Ware, Kallistos. *The Orthodox Way*. Crestwood, NY: St Vladimir's Seminary Press, 1995.

Webster, John. *Confronted by Grace: Pastoral Meditations from a Systematic Theologian*. Bellingham, WA: Lexham, 2015.

Weil, Simone. "Draft for a Statement of Human Obligations." In *Selected Essays 1934–1943*. London: Oxford University Press, 1962.

———. *Gravity and Grace*. London: Routledge Classics, 2002.

Williams, Rowan. *Christ on Trial: How the Gospel Unsettles Our Judgment*. Grand Rapids: Eerdmans, 2003.

———. *Holy Living: The Christian Tradition for Today*. London: Bloomsbury, 2017.

———. *A Ray of Darkness*. Lanham, MD: Cowley, 1995.

———. *The Wound of Knowledge*. Lanham, MD: Cowley, 2003.

Wright, Franz. *Ill Lit: Selected & New Poems*. Oberlin, 1998.

www.ingramcontent.com/pod-product-compliance
Lightning Source LLC
Chambersburg PA
CBHW030849090426
42737CB00009B/1163